Полёт

Гайто Газданов

ПОЛЁТ

События в жизни Сережи начались в тот памятный вечер, когда он, впервые за много месяцев, увидел у себя в комнате, над кроватью, в которой спал, свою мать — в шубе, перчатках и незнакомой шляпе черного бархата. Лицо у нее было встревоженное и тоже не похожее на то, которое он знал всегда. Ее неожиданное появление в этот поздний час он никак не мог себе объяснить, потому что она уехала почти год тому назад и он успел привыкнуть к ее постоянному отсутствию. И вот теперь она остановилась у его кровати, потом быстро села и сказала шепотом, чтобы он не шумел, что он должен одеться и сейчас же ехать вместе с ней домой.

— А папа мне ничего не говорил, — только и сказал Сережа. Но она ничего не объяснила ему, повторила несколько раз: — Скорее, Сереженька, скорее, — потом вынесла его на улицу — была мутная холодная ночь, — где ее ждала высокая женщина в черном, прошла несколько шагов, и за углом они сели в автомобиль, который тотчас же покатился с необыкновенной быстротой по незнакомым улицам. Потом, уже сквозь сон, Сережа увидел поезд, и когда проснулся, то опять оказалось, что он в поезде, но что-то неуловимо изменилось; и тогда мать, наконец, сказала ему, что теперь он будет жить у нее во Франции, а не у отца в Лондоне, что она купит ему электрический паровоз и множество вагонов разнообразного назначения и что они теперь никогда не расстанутся, а папа иногда будет приезжать в гости.

Эту ночь потом Сережа вспоминал много раз: чужое и нежное лицо матери, быстрый шепот, которым она говорила, тревожную тишину в прохладном отцовском доме в Лондоне и затем путешествие в автомобиле и поезде. Только потом он узнал, что они ехали еще и на пароходе через Ла-Манш, но о пароходе он не сохранил даже самого отдаленного воспоминания, потому что спал глубоким сном и не чувствовал, как его переносили. Ему было в тот год семь лет, и это путешествие было только началом множества других событий. Они много ездили тогда с матерью; потом однажды, под вечер летнего дня, на террасу над морем, где он обедал вдвоем с матерью, неторопливо вошел отец, снял шляпу, поклонился матери, поцеловал Сережу и сказал:

1

— Итак, Ольга Александровна, будем считать нынешний день концом этого романтического эпизода. — Он стоял за стулом Сережи, и большая его рука трепала волосы мальчика. Он посмотрел на свою fems и быстро заговорил по-немецки. Сережа ничего не понимал, пока отец не сказал по-русски:

— Неужели, Оля, тебе это не надоело? — и опять, спохватившись, стал говорить по-немецки.

Еще через несколько минут появилась новая понятная фраза — на этот раз ее сказала мать:

— Милый мой, ты этого никогда не понимал и не способен понять, ты не можешь судить об этом. — Отец кивал головой и насмешливо соглашался.

Плескалось море внизу, под террасой, неподвижно обвисала буро-зеленая пальма почти над волнами, сверкала синеватая вода в маленьком заливе, недалеко от узкой дороги. В молчании мать покачивала загоревшей ногой, неподвижно и выжидательно глядя на отца, точно изучая его, хотя он был таким же, как всегда — большим, чистым, широким и приятно гладким.

— Противный язык немецкий, — сказал он наконец.

— Сам по себе?

Он рассмеялся и сказал:

— Да, даже независимо от обстоятельств, в которых... — Затем мать послала Сережу к себе.

— А папа не уйдет? — спросил он и тотчас очутился высоко в воздухе перед гладким отцовским лицом с большими синими глазами.

— Не уйду еще, Сережа, не уйду, — сказал отец.

Они долго разговаривали с матерью на террасе, Сережа успел прочесть полкниги, а они еще говорили. Потом мать звонила по телефону, Сережа слышал, лежа на полу, как она сказала:

— Impossible ce soir, mon chéri, — потом: — Si je le regrette? je le crois bien, chéri,[1] — и Сережа понял, что Шери сегодня не придет, и был очень доволен, так как не любил этого человека, которого вслед за матерью тоже называл Шери, думая, что это его имя, и вызывая смех неизменно оскаленного, темного лица, над которым густо вились тугие курчавые волосы, черные, как сам черт.

Шери больше никогда потом не появлялся. Был другой, немного похожий на него человек, говоривший тоже с

_____

[1] Сегодня вечером невозможно, мой дорогой... Сожалею ли я об этом? думаю, что да, дорогой (фр.)

2

акцентом, все равно по-русски или по-французски. Отец не уехал в тот день, а остался на две недели и лишь потом скрылся рано утром, не попрощавшись с Сережей. И после этого, уже в Париже, на вокзале, он встречал жену и сына с цветами, конфетами и игрушками; цветы он держал в руке, а остальное лежало в том самом длинном синем автомобиле, который Сережа помнил еще по Лондону. И тогда они поселились в новом громадном доме, и по комнатам квартиры Сережа ездил на велосипеде, и все шло очень хорошо, пока мать снова не уехала, взяв с собой только маленький несессер и жадно поцеловав Сережу несколько раз. Она, впрочем, вернулась ровно через десять дней, но мужа не застала, нашла только лаконическую записку: «Считаю, что в наших общих интересах необходимо мое отсутствие. Желаю тебе...» Через два дня, вечером, зазвонил телефон — матери не было, она должна была вернуться с минуты на минуту; к телефону позвали Сережу, и он издали услышал отцовский, очень смешной, как ему показалось, голос, который спрашивал его, не скучает ли он. Сережа сказал, что нет, что он вчера с матерью играл в разбойников и это было очень интересно.

— С мамой? — спросил смешной голос отца.

— Ну да, с мамой, — сказал Сережа и, обернувшись, увидел ее; она только что вошла в комнату, и мягких ее шагов по ковру Сережа не слышал. Она взяла у него трубку и быстро заговорила.

— Да, опять, — сказала она. — Нет, не думаю. Конечно. Нет, просто разные души, разные языки. Да. В котором часу? Нет, отплатить любезностью за любезность, ведь ты встречал меня с цветами. Как, и цветы для него? Я думала, только игрушки. Хорошо.

— Отчего ты все уезжаешь? — спросил Сережа у матери. — Тебе скучно с нами?

— Глупый мой Сереженька, — сказала мать, — глупый мой мальчик, глупый мой маленький, глупый мой беленький. Когда будешь большой, тогда все поймешь.

Так же, как Сережа помнил с первых дней своего сознания мать и отца, — так же, отчетливо и неизменно, он помнил и тетю Лизу, ее черные волосы, красные губы и ее запах — смесь английских папирос, которые она курила, духов, тепловатых, скользких материй и легкой кислоты, ее собственной. Это был очень легкий запах, но такой характерный, что забыть его было невозможно, так же, как особенный ее голос, всегда звучавший точно издалека и необыкновенно приятный. Но насколько жизнь отца и матери была полна объяснений, разговоров на

3

непонятном немецком языке, отъездов, путешествий, возвращений и неожиданностей, настолько существование Лизы было лишено каких бы то ни было неправильностей. Она, действительно, была как бы живым укором для родителей Сережи — у нее в жизни все было так ясно, безупречно и кристально, что Сережа слышал случайно, когда лежал в своей любимой позе на полу в коридоре, как отец сказал матери: — Посмотреть на Лизу, так ведь даже и подумать невозможно, что она может вдруг ребенка родить, а между тем... — И мать Сережи всегда глядела на Лизу немного виноватыми глазами; даже если сам отец точно ежился в ее присутствии, и, вообще, все словно извинялись перед тетей Лизой за собственное несовершенство, особенно неприглядное по сравнению с ее бесспорным нравственным великолепием. Смутно, едва-едва, у Сережи проступало, однако, воспоминание о том, что, когда он был совсем маленьким и тетя Лиза вывела его гулять, — рядом с ними шел какой-то человек, оживленно разговаривавший с теткой. Но это было так давно и так неотчетливо, что Сережа не был уверен, не видел ли он это во сне. Обычное состояние тети Лизы было спокойное удивление. Она удивлялась всему: и поведению родителей Сережи, и возможности такого поведения, и книгам, которые она читала, и газетам, и преступлениям — и не удивлялась только вещам героическим и маловероятным, — например, когда кто-нибудь жертвовал своей жизнью за кого-нибудь, или спасал людей, или предпочитал смерть позору. Она была нетолстая, почти такая же гладкая, как отец, очень чистая, со всегда прохладными, твердоватыми руками. Когда однажды они все вчетвером — Сережа, его родители и тетя Лиза — проезжали случайно мимо уличного тира и отец вдруг остановил автомобиль и сказал:

— Ну, девочки, тряхнем стариной, постреляем, а? — мать Сережи ни разу не попала в цель, отец дал несколько промахов, хотя вообще стрелял хорошо, и только тетя Лиза, поставив ребром картонную мишень, срезала ее пятью пулями и сбивала шарик за шариком на подпрыгивающих струях фонтана.

— У тебя рука не дрогнет, Лиза, — сказал тогда отец.

По мере того как Сережа становился старше, начинал больше понимать в людях и бессознательные его суждения обо всем малопомалу прояснялись, он стал думать, что тетя Лиза была не похожа на других людей в том смысле, что у тех в течение жизни все менялось — в зависимости от обстоятельств, событий, впечатлений; они могли находить нелепым то, что год тому назад им казалось совершенно целесообразным, чрезвычайно часто себе противоречили и вообще менялись настолько, что было даже трудно отличить, кто умен, кто глуп, даже кто красив или некрасив; другими словами, сила их сопротивления внешним причинам, определяющим их жизнь, была ничтожна, и постоянством они отличались лишь в очень редких и всегда ограниченных отношениях. Сережа знал громадное количество людей, потому что через дом его отца проходили самые разнообразные и многочисленные гости, посетители, просители, друзья, женщины и родственники. Тетя Лиза отличалась ото всех тем, что в ней ничего не менялось. Вся сложная система чувств, знаний и представлений, которая у других была движущейся и меняющей свои формы, оставалась у нее такой же постоянной и неподвижной, какой была раньше, — точно мир и вообще был каким-то неизменяющимся понятием. Так думал о Лизе Сережа, так же думали и другие, и это продолжалось много лет, до тех пор, пока не произошли события, показавшие явную ошибочность этих представлений. Впрочем, у Сережи, знавшего Лизу ближе, чем все остальные, начали зарождаться некоторые сомнения в точности того образа тети Лизы, который он себе создал, еще за несколько лет до этих событий, когда при нем его отец и Лиза спорили о недавно вышедшем романе. В романе этом рассказывалась история человека, посвятившего жизнь женщине, его не любившей, и оставившего ради нее другую, для которой он был дороже всего на свете. Отец защищал этого человека.

— Ты понимаешь, Лиза, ведь главное — это что его тянуло именно к vilaine,[2] а другая была почти что безразлична. Ну, она его любила, ну, это очень приятно и добродетельно, но ведь ему другой хотелось, ты понимаешь?

— Я не говорю, что не понимаю причины этого, — сказала Лиза. — Причина ясна. Вопрос в другом: в глупой неверности этого предпочтения, в его ничтожности. Она заслуживала счастья больше, чем та, другая. — Счастья вообще не заслуживают, Лиза, — кротко сказал отец, — оно дается или не дается. — Нет, заслуживают, — твердо сказала Лиза. Сережа слушал, его удивляло, что отец говорил мягким и тихим голосом, а тетя Лиза отвечала ему твердо и безжалостно, глаза ее расширились и разозлились, и Сережа сказал: — Папа, а ты обратил внимание, какая у нас тетя Лиза красавица? — И отец смутился и ответил, что он давно обратил и что все это знают. Тетя Лиза поднялась и ушла, и вид у отца был смущенный, — что могло показаться удивительным, потому что спор был

---

[2] мерзкой

отвлеченный и не мог иметь никакого отношения ни к отцу, ни к тетке. Тогда, впервые за все время, Сережа видел тетю Лизу вышедшей из своего неизменного спокойствия.

Отца и мать Сережа видел, в общем, сравнительно редко, — тетя Лиза была постоянно с ним. У отца были дела, занятия, поездки; у матери была своя, совсем чужая жизнь. Случалось, что по два, по три дня Сереже не приходилось слышать ее быстрой походки, и только потом она появлялась; входила в его комнату, говорила:

— Здравствуй, Сереженька, здравствуй, мой миленький, вот я по тебе соскучилась, прямо ужас. — Она вообще говорила с ним такими теплыми, уютными словами, всегда сразу понимала то, что его интересовало в данную минуту, играла с ним охотно и подолгу была мягкая и вкусная. Она знала, почему у некоторых собак длинные хвосты, а у других короткие, почему кошки неласковые, почему у лошадей глаза сбоку и какой длины бывают крокодилы. Тетя Лиза тоже знала все это, но ее ответы никогда не удовлетворяли Сережу, потому что в них не хватало чего-то главного, может быть, этой уютности и теплоты. Но полное счастье Сережа испытывал только тогда, когда все уезжали из дому, а его оставляли одного на попечении прислуги. Обычно этому предшествовал приход Сергея Сергеевича с какой-нибудь особенно сложной игрушкой; отец давал ее Сереже, потом говорил, что надеется на хорошее поведение, просил Сережу не огорчаться, и через несколько минут Сережа из окна видел, как отъезжал длинный автомобиль отца. После этого он мог делать все, что угодно. Он стрелял из лука в портрет бабушки, съезжал по перилам лестницы, катался в лифте до головной боли — вверх-вниз, вверх-вниз — и все свободное время лежал на полу, объедался пирожными, выливал суп в уборную, ел пригоршнями соль и не хотел умываться. Вечером, лежа на полу, он натирал руками глаза и потом с удовольствием видел перед собой зеленые искры.

Потом, когда он стал старше, его свободы никто не стеснял, и тогда он начал понимать, что родителям не было до него, в сущности, никакого дела. Та постоянная смена людей, которую он помнил всегда, не только не прекращалась, но еще как будто усилилась, — и он жил в стороне от этого. Когда ему было шестнадцать лет, он впервые пригласил тетю Лизу в театр. К тому времени ее авторитет несколько ослабел; она смеялась некоторым его замечаниям, говорила: — Как ты думаешь? — и Сережа чувствовал себя почти равным ей. Про родителей Сережи и он, и она говорили «они» — точно бессознательно противопоставляя их себе. Они вместе читали, слушали одни и те же мелодии, любили одни и те же книги. Лиза была ровно на пятнадцать лет старше Сережи. Он начал видеть ее во сне, в смутных и неправдоподобных обстоятельствах; потом, однажды, — была поздняя весна и третий час ночи, Сережа читал у себя в комнате, — вдруг во всем доме загорелся свет, послышались шаги и голоса; родители Сережи вернулись с бала и привели с собой еще нескольких человек, чтобы «кончить вечер» дома; через несколько минут раздался знакомый стук в дверь и вошла Лиза, в очень открытом черном платье, с голой спиной, обнаженными — прохладными, подумал Сережа, — руками и низким вырезом на груди. Глаза ее казались больше, чем обычно, под прямыми ресницами, и возбужденная улыбка была не похожа не всегдашнюю. В эту минуту Сережа почувствовал необъяснимое волнение, такое, что, когда он заговорил с ней, у него срывался голос. — Перечитался ты, Сережа, — сказала она, садясь рядом с ним и положив руку на его плечо. — Я пришла пожелать тебе спокойной ночи, — и она тотчас же ушла, не обратив никакого внимания на необычное состояние Сережи, как ему показалось. После того как за ней закрылась дверь, Сережа лег не раздеваясь; его слегка тошнило, было смутно, предчувственно и приятно.

И вот, с необыкновенной быстротой, за два месяца, прошедшие с этого вечера до отъезда Сережи на море, произошла глубокая и непоправимая перемена, которая началась с того, что весь идиллический мир затянувшегося, запоздавшего Сережиного детства рассыпался и исчез. За это время не произошло, однако, никаких фактических изменений; по-прежнему задушевно и нежно звучал голос матери, когда она говорила с кем-то по телефону, по-прежнему отец ездил взад и вперед по городу, по-прежнему вечерами громадные комнаты наполнялись разными людьми, и все было так же, как раньше. Но Сережа вдруг понял множество вещей, которые хорошо знал и прежде и о которых имел совершенно неправильное представление. Отрывочные фразы из разговоров отца с матерью теперь ему стали ясны, так же, как сдержанное раздражение Лизы; он заметил многое другое — что деньги тратились беспорядочно и уходило их во много раз больше, чем нужно. Он понял вдруг, как жила его мать, — и это вызвало у него сожаление, смешанное с нежностью. Присутствуя иногда при разговорах в гостиной, он вслушивался внимательно в то, что говорилось, следил за любопытнейшей скачкой интонаций разных людей и иногда, закрывая добровольно для себя смысл произносившихся фраз, слушал только звуковые их смещения, похожие в общем на какой-то своеобразный концерт — с повышениями, понижениями, монотонными баритональными нотами, высокими женскими голосами, которые ахали и срывались и вновь возникали потом, под глухой, глубокий аккомпанемент хрипловатого баса; и, зажмуривая глаза, Сережа ясно видел перед собой турецкий барабан с туго натянутой, мертвенно безразличной кожей — на том месте, где в самом деле никакого барабана не было, а сидел почтеннейший старик, философ и специалист по консультациям о многочисленных нарушениях международного права.

Отец Сережи принадлежал к числу немногих людей, которым по наследству досталось значительное богатство и которые не только не растратили, но еще и увеличили его. Этому способствовало и то, что он был — широкий, небрежный и великодушный — в делах умен и, в сущности, осторожен, и то, главным образом, что всю жизнь ему сопутствовала слепая удача. У него были предприятия в нескольких странах, на него работали тысячи людей, и это его положение объясняло тот факт, что он был знаком со всеми знаменитостями и что в его доме собирались музыканты, писатели, певцы, инженеры, промышленники, актеры и представители той особой породы людей, которые всегда прилично и хорошо одеты, но источники доходов которых, — если проследить это до конца, для чего в большинстве случаев понадобилось бы либо счастье, либо бесцеремонность полицейского расследования, — но чьи источники доходов, стало быть, бывали почти всегда такого рода, что в них никак нельзя было признаться. И в то время, как Лиза относилась к этим людям с брезгливостью, отец хлопал их по плечу, вообще вел себя с той широкой и фальшивой задушевностью и откровенностью, истинную ценность которых знали только очень близкие люди. Когда Сережа сказал своему отцу, что его обкрадывают, отец рассмеялся. — Ты не веришь? — Тогда он, не переставая посмеиваться и глядя на Сережу веселыми глазами, ответил: — А хочешь, я тебе скажу, кто и на сколько ворует? — И объяснил Сереже, что так и нужно, что другие все равно будут воровать. Но это убеждение не вызывало в нем ни огорчения, ни удивления., он принимал это как должное и иногда забавлялся тем, что ставил своих служащих в глупое положение — как он сделал, например, с шофером, обкрадывавшим его на масле, бензине и тысяче других вещей и неизменно представлявшим «трюкованные» фактуры. Он сказал владельцу гаража, в котором все это обычно покупалось, что это обходится ему слишком дорого и что он будет вынужден переменить поставщика — и в доказательство представил фактуры, от которых владелец гаража пришел в ужас и только повторял бледным голосом: — Oh, non, monsieur, jamais, monsieur,[3] — и тотчас принес книгу записей, где были совершенно другие суммы, разница между которыми оказалась чуть ли не половинной. Шоферу, однако, он ничего не сказал, и тот выяснил катастрофу только в гараже, где ему объяснили все. Он уже приготовился складывать чемоданы, но в тот же день ему был заказан автомобиль, и Сергей Сергеевич только вскользь заметил, что бензин, кажется, подешевел, потрепал шофера по плечу, сказал: — Ah, sacré Joseph,[4] — и по дороге все посмеивался. Шофер, впрочем, через некоторое время, после длительных сомнений и борьбы противоречивых чувств, ушел сам, так как ежедневное сознание того, что он теперь не может воровать, а принужден довольствоваться жалованьем, довело его до нервного заболевания. Он был простой человек, из овернских крестьян, нечувствительных к физической усталости, но незащищенный душевно и умственно против непредвиденных и, в сущности, незаконных положений. Он потом проворовался довольно крупно и попал было в тюрьму, из которой его вызволил Сергей Сергеевич — но было слишком поздно и разница оказалась лишь та, что вместо тюрьмы его посадили в сумасшедший дом, откуда он вышел уже совершенно разбитым человеком.

В других случаях это бывало менее трагично, но так или иначе Сергей Сергеевич, действительно, знал, на сколько его обкрадывают, и только ограничивался тем, что включал эти суммы как самостоятельную и естественную статью в свои бюджетные исчисления, в которых вообще было множество статей. Он субсидировал театры, поддерживал начинающие таланты, в которые очень плохо верил сам, вообще платил всегда и всюду, это входило в его обязанности владельца большого состояния, и он выполнял свой долг так же, как делал все остальное, — с удовольствием, с улыбкой и кажущимся нерассуждающим одобрением. Он говорил, например, редактору крупной желтой газеты, в которой должны были появиться статьи, пропагандирующие одно из его предприятий, — внося значительную сумму на благотворительные цели неправдоподобно фантастической

---

[3] нет, месье, никогда, месье (фр.)
[4] Ох, шельма Жозеф (фр.)

организации, возникшей в воображении редактора полчаса тому назад и расцветшей там, как романтический мираж, призрачность которого была совершенно очевидна для всякого нормального человека: — Я знаю, мой дорогой, что ваша неподкупная честность... — И редактор уходил, испытывая сложное чувство, состоявшее главным образом из благодарности и сожаления к этому наивному миллионеру и смутного подозрения, что если наивный миллионер только делает вид, что верит, а в самом деле знает все, то это пожертвование и прочувственные слова о неподкупности звучат уж слишком издевательски. С такой же беззаветной верой в будущее он принимал певца неопределенной национальности, но явно южного типа — с черными, как вакса, волосами, грязновато-желтыми белками глаз и руками спорной чистоты. Со всем этим он никогда не давал больше, чем полагалось по сложной системе ценностей, выработанной долголетним опытом и в силу которой, например, субсидии людям южного происхождения всегда были значительно меньше, чем субсидии представителям северных рас, к которым, впрочем, он питал нечто вроде национальной слабости. Нескончаемая армия стрелков прошла через его жизнь, удивительное разнообразие просителей, начиная от корректных людей с ласковыми баритонами и сложной биографией, непременно заключавшей в себе несколько патетических моментов, внушенных чаще всего чтением романов даже не третьего, а второго сорта, имевших, стало быть, несомненную вдохновительную ценность, — и кончая хриплыми, почти расплывчатыми персонажами, бесконечно удаленными от каких бы то ни было отвлеченных идей, сосредоточенными исключительно на предметах первой необходимости и стоимость которых колебалась между двумя и пятью франками. Множество людей писали ему письма с разными предложениями, идущими от лаконически-уверенного «недурна собой» до «странного очарования» и даже «неукротимой жестокости» некоторых наиболее непримиримых кандидаток на семейное счастье, идея которого тоже, таким образом, таила в себе устрашающее многообразие. В его жизни, однако, не все были только письма и просьбы о деньгах; два раза на него покушались, и оба раза его спасла счастливая случайность, та самая слепая удача, которая не изменяла ему нигде и выводила его из самых безвыходных положений, вроде смертного приговора, вынесенного ему в Крыму революционным трибуналом, в котором не было ни одного трезвого человека; и часовой плохо запертого сарая, в

10

котором он сидел, был убит шальной пулей какого-то не в меру расстрелявшегося матроса, что позволило Сергею Сергеевичу бежать и добраться до севастопольской пристани, возле которой не было ни одного парохода — и только в почти наступившей темноте их силуэты чернели на рейде. Сбросив куртку и сапоги, он спрыгнул с пристани в ледяную осеннюю воду и в бурный холодный вечер доплыл до английского миноносца, капитану которого он через полчаса рассказал свою историю, смеясь в особенно нелепых местах — там, например, где речь шла о заседании революционного трибунала. А через два дня в константинопольском кабаре он поил шампанским чуть ли не половину экипажа и пел ирландские песни, которых не знал, что, впрочем, не имело значения; кроме этого, он запоминал их с такой же легкостью, как все остальное. Легкость эта была вообще характерна для всей его стремительно-счастливой жизни. Он никогда не задумывался над важными решениями; они с самого же начала казались ему ясными и исключающими возможность ошибки, которая была бы просто очевидной глупостью. Он понимал все так быстро, что отсюда у него образовалась привычка не кончать фраз. Так же, как хорошо грамотный человек, читая книгу, не теряет времени на постепенное и последовательное соединение букв и не повторяет про себя слова, а скользит глазами по привычным зрительным изображениям печатных строк, и все быстро и послушно проходит перед ним, — так он разбирался в делах, выводах и возможностях какого-либо предприятия, или начинания, или треста, нуждавшихся, казалось бы, в длительном изучении. Вместе с тем он никогда не требовал от других, чтобы они старались поспевать за ним в его заключениях, точно заранее считал, что имеет дело с кретинами; и когда кто-нибудь из его директоров обнаруживал быстрое понимание дела, он всегда был приятно удивлен. Но так как и в том, и в другом случае он говорил одни и те же лестные и любезные вещи, то недостаточно знающие его люди полагали, что он не умеет отличать хорошего служащего от плохого и просто его счастье, что у него подобрался такой хороший персонал почти всюду.

Но он никогда не любил по-настоящему, — как никогда не был до конца откровенен, — и это знали и Ольга Александровна, и Лиза. С женой он был всегда очень хорош, как с самой лучшей подругой; но здесь — это был первый случай в его жизни — она ждала от него другого, того самого, о чем она читала в романах, над которыми он продолжал смеяться, потому что для него было очевидно, что эти книги написаны неумелыми, не очень культурными, чаще всего примитивными людьми; но он твердо знал, что об этих же вещах были написаны самые прекрасные страницы разных литератур, — и эти вещи он понимал и даже любил, но только тут его непогрешимая легкость и безошибочность оказывалась несостоятельной; и он сознавал эту свою вину перед Ольгой Александровной, которой он как-то давно, в начале их супружества, не мог ничего ответить, когда, подняв на него свои темные и нежные глаза, она сказала ему:

— Ты говоришь о хорошем отношении. Я, Сережа, говорю о любви.

Любовь, действительно, была самым важным в жизни Ольги Александровны и единственным, что ее по-настоящему интересовало и занимало. Все остальное имело только, так сказать, предварительную ценность и находилось как бы в функциональной зависимости от самого главного. Надо было ехать, было необходимо ехать куданибудь — потому что там ждала ее встреча; надо было прочесть такуюто книгу — чтобы потом говорить о ней с тем, кто был единственным, чьи разговоры казались ей интересны; нужно было красивое платье — для того, чтобы понравиться; нужно было, вообще, — и иначе было невозможно — любить и переживать. Она вышла замуж восемнадцати лет; но уже до брака у нее было три неудачных романа. Она влюбилась в Сергея Сергеевича, как только его увидела; это было на балу, в Москве, и тогда же она сказала своей матери, что за этого человека она выйдет замуж, что, действительно, произошло через несколько месяцев. Она никогда не была хороша собой, но обладала такой могучей силой привлекательности, что сопротивляться ей было трудно и ненужно. Ее любили все — и родители, прощавшие ей все, и прислуга, и сестры, и братья; она с необыкновенной легкостью добивалась того, чего хотела; и ее также любили дети и животные. И даже Сергей Сергеевич, имевший о женщинах снисходительное суждение, сразу почувствовал к ней такое влечение, над к оторым он сам посмеивался и шутил, но противостоять которому не мог. После первого же поцелуя она сказала ему, что она его очень любит и хочет выйти за него замуж. Она была небольшого роста, волосы у нее были черные, над темными ее глазами были коротенькие ресницы, отчего глаза казались больше, чем они были: первое впечатление, которое она производила, было впечатление необыкновенной молодости и здоровья — и в ней, действительно, текла неутомимая и обильная кровь, она не знала ни усталости, ни болезней, ни недомогания. Она изменила мужу через четыре месяца после брака; но это было случайно и несущественно. После рождения сына она в течение целого года не обращала никакого внимания на свою внешность, проводила все время с ребенком, с жадностью следила, как он начал ходить, и вообще была занята только им. Потом, однажды вечером, уложив его спать, она остановилась перед зеркалом, осмотрела себя внимательно, ахнула и пришла к мужу, чтобы спросить, как он может еще ее любить. Он в это время писал — и, оторвавшись на секунду от листа бумаги, сказал: — Несмотря, Леля, — и продолжал писать, пока она не подошла к нему вплотную и не села к нему на колени. Тогда же возник очередной спор о любви; эти споры всегда начинала Ольга Александровна, к которой в то время Сергей Сергеевич уже не ощущал того непобедимого влечения, которое заставило его жениться на ней; и теперь ему казался необъяснимым тот легкий и почти прозрачный туман, который был характерен для первых месяцев их близости. Теперь начался период его отрицательной любви, как это называла Ольга Александровна; он охотно ей все прощал, никогда на нее не сердился и удовлетворял все ее желания, но никак не мог бы сказать, что без нее жизнь потеряла бы смысл. — Ну, а что ты думаешь о супружеской измене? — Темперамент и, в некоторой степени, этика, — сказал он. — Все какие-то ненастоящие, ничего не объясняющие слова, — сказала она, — что такое темперамент? что такое этика? — Он достал с полки два тома Брокгауза и Эфрона, дал их ей и сказал: — Прочти и попробуй подумать. Знаю, что тебе это непривычно. Но возможно, Леля. — И когда она уходила, он крикнул ей вслед: — И случайность тоже.

В дальнейшем, уже за границей, ему представилось множество возможностей проверить эти суждения о том, чем вызывается супружеская измена, еще и потому, что через некоторое время он заметил, что у Ольги Александровны уходили уж что-то слишком большие суммы денег. Он быстро подсчитал, сколько она должна была бы тратить, если не возникало чрезвычайных и непредвиденных расходов, и увидел, что количество денег, которое ушло, превышало вдвое эту сумму. Тогда он сказал, вскользь, как всегда, о шантаже, о том, что неосторожно вообще писать письма. И так как Ольга Александровна по-прежнему делала вид, что не понимает, он сказал ей, что все равно знает и что она не должна бояться каких бы то ни было разоблачений. Через некоторое время к нему явился человек в черном пальто, черном котелке, черных туфлях и черном галстуке, которого он принял с обычным своим радушием, но сказал, что в его распоряжении ровно пять

13

минут. Когда этот человек объяснил ему цель визита, Сергей Сергеевич сказал, что он советует заняться чемнибудь другим, потому что это не доставит ему ничего, кроме огорчений. Человек, не смутившись, заговорил о газетах. Сергей Сергеевич встал, чтобы подчеркнуть, что визит затянулся, и сказал:

— Лучше не пробуйте; и, поверьте, я знаю, что говорю. — И когда тот уже уходил, он сказал ему с вопросительной улыбкой:

— Хотите пятьдесят франков за беспокойство?..

Больше он никогда не принимал ни этого человека, ни его последователей, а на многочисленные письма не отвечал, и вопрос был ликвидирован, когда он сказал своей жене — отрывочно, как всегда, и не объясняя:

— Выбирала бы более порядочных, Леля. Он сказал эту фразу, желая дать жене дружеский совет, но заранее зная, что она ему не последует. Давно уже он понимал, что ее выбор никак не мог руководствоваться какими бы то ни было рациональными соображениями, и знал, что она выбирает людей не по признаку достоинств, а по своеобразному соединению физического тяготения с интуитивным предчувствием их особенного нравственного склада, в котором эти самые этические соображения, чаще всего, не играли никакой роли. Сергей Сергеевич понимал также, почему он не подходил для своей жены. Объяснение заключалось отчасти в том, что ему было скучно рассказывать о своих переживаниях, — он слушал ее из деликатности несколько минут, потом говорил: — Да, Леля, я знаю, — и, действительно, знал заранее все, о чем она собиралась рассказывать. Те же, другие, были, чаще всего, люди душевно примитивные, не понимающие своих чувств, — и каждый роман Ольги Александровны был как бы новым объяснительным путешествием в сентиментальные страны, где она играла роль гида, — как это сказал о ней Сергей Сергеевич, разговаривая как-то с Лизой. Вообще в доме многое было неблагополучно, и этого не замечала только Ольга Александровна, и делал вид, что не замечал, хотя знал все, до мельчайших подробностей, Сергей Сергеевич; но это хорошо знала Лиза и имела для этого все основания, и это чувствовал теперь Сережа.

Семья Сергея Сергеевича редко проводила лето вместе. В этом году, как почти всегда, все получилось неожиданно. Ольга Александровна, после нескольких дней особенного возбуждения и разрешения многих мучительных вопросов о том, вправе ли она или не вправе поступать так, как ей диктовали ее желания, внезапно уехала, неопределенно, — в Италию. Перед отъездом она с бьющимся сердцем и пылающим лицом пошла к Сергею Сергеевичу. Несмотря на то, что вся жизнь Ольги Александровны состояла именно из отъездов и измен и, казалось, можно было бы уже к этому привыкнуть, она всякий раз переживала все это с такой же силой, как и в ранней молодости, и так же мучилась, как всегда, потому что совершала нечто нехорошее и запретное и дурно поступала по отношению к мужу и к Сереже. Но то, в жертву чему она приносила все эти бесплодные чувства, казалось ей настолько замечательным, что в окончательном решении вопроса сомнений быть не могло. И совершенно так же, как в ней было неискоренимо понимание своего долга жены и матери, так же ее иллюзии по поводу очередного отъезда были свежи и неувядаемы. Каждый раз она уезжала навсегда, в неизвестность, обрекая себя, быть может, на полунищенское существование. Если это выходило иначе, то не по ее вине.

Но, направившись к Сергею Сергеевичу, она вдруг вспомнила, что сегодня был четверг, его приемный день. Тогда она позвонила ему по телефону и тотчас услышала его ровный голос в ответ: — Я очень занят, Леля. Да. Не раньше чем через час. Не можешь? Хорошо, я сейчас.

Он вошел к ней, она была уже в шляпе и перчатках, в дорожном костюме, с несессером в руках. В глазах ее Сергей Сергеевич увидел опять то тревожное выражение, которое хорошо знал. Но оттого, что он его увидел, его лицо совершенно не изменилось, как не изменились улыбка и голос. — Ну что, едем, Леля? — сказал он. — Да, — ответила Ольга Александровна, причем это «да» вышло помимо ее желания упавшим и невольно актерски-значительным. — Далеко? — В Италию. — Прекрасная страна, — мечтательно сказал Сергей Сергеевич, — впрочем, ты это знаешь не хуже меня, ты ведь не впервые едешь в Италию. Очень хорошо, ты что-то нервничала в последнее время, это тебя развлечет. Я рад за тебя. Ну, желаю тебе всего хорошего, пиши.

Он поцеловал ей руку и ушел. Она постояла несколько секунд, потом вздохнула и стала спускаться вниз, к подъезду, где ее уже ждал автомобиль. Ни Сережи, ни Лизы не было дома — они ушли с утра.

Сергей Сергеевич вернулся к себе, где его уже ждала очередная посетительница, знаменитая артистка Лола Энэ, пришедшая просить у него субсидию на мюзик-холл, который она собиралась открывать. Это была очень старая женщина, годившаяся по возрасту в матери Сергею Сергеевичу, но убежденная в своей неотразимости, перенесшая много хирургических операций, проводившая ежедневно долгие часы

15

в заботах о массаже, наружности и туалетах. На первый взгляд, и особенно издали, она, действительно, могла показаться молодой. Сергей Сергеевич мельком взглянул на мертвенно неподвижную кожу ее лица и длинные черные ресницы, туго загнутые вверх, и вспомнил, что эта женщина только года два тому назад вышла замуж за человека, который был моложе ее больше чем на тридцать лет.

— Toujours délicieuse, toujours charmante, — сказал Сергей Сергеевич, здороваясь с ней. — Je suis vraiment heureux de vous voir.[5]

Она улыбнулась, обнажив свои прекрасные зубы. Но чувствовала она себя, — как давно, уже много лет, — неважно. Сейчас ее мучил геморрой, она сидела точно на раскаленном пятаке, и когда она смеялась или сморкалась, то острая боль, начинавшаяся именно в том месте, где был геморрой, отдавалась во всем теле. А когда эта боль проходила, ей начинало смертельно хотеться спать и она делала усилие, чтобы не уронить голову на грудь. Иногда ей это не удавалось, и она все же засыпала на секунду; открывая потом глаза и вздрагивая, она объясняла, что у нее бывают такие минутные éblouissements,[6] объясняющиеся усиленной работой. Она прожила долгую, шумную и, в сущности, трудную жизнь; и из людей, видевших ее дебюты в театре, давно уже почти никого не было в живых. Но она не задумывалась над этим. Она вообще не задумывалась. Ее память была загромождена пьесами, репликами, диалектами и интонациями бесконечного ее репертуара. Так как она была очень глупа, то, несмотря на долгую свою карьеру, она не научилась ничему, ничего не понимала в искусстве и слепо верила театральным критикам. Она искренне считала шедевром злополучную «Даму с камелиями»; впрочем, она лично очень близко знала ее автора, которого считала гением. Она с восторгом говорила о трагедиях Корнеля, которых, помимо всего, просто не могла понять из-за недостаточной своей культуры; но с неменьшим энтузиазмом она относилась ко многим современным пьесам, уже вовсе малограмотным и те имеющим даже самого отдаленного отношения к искусству и авторы которых находились примерно на ее умственном уровне — с той разницей, что ее ум был неподвижен, а их — отличался некоторым примитивным динамизмом. Жизнь ее прошла в пьесах и романах, которые она помнила все, несмотря на их чудовищное количество. В

---

[5] Всегда изысканна, всегда очаровательна... Я так рад вас видеть (фр.)
[6] обмороки

молодости она, действительно, была очень хороша собой, и, собственно, это бесспорное ее животное великолепие и определило ее карьеру. Она приехала в Париж из Нормандии шестнадцатилетней девушкой с тем, чтобы поступить горничной, и уже до ее отъезда старая ее тетка, которая провела в Париже много лет, учила ее, как нужно себя вести, на чем выгоднее обкрадывать хозяев, как разговаривать с поставщиками провизии, и снабдила ее вообще множеством советов, которым Лола — ее настоящее имя было Мария — собиралась в точности следовать. Но вышло иначе, потому что она поступила сразу же к человеку, совершенно одинокому, страстному любителю театра. Он был довольно богат и вел театральный отдел в одной из газет правого направления. Так как он начинал в те времена стареть и так как бурная жизнь его успела утомить, то признаки этой усталости и еще некоторой наивности, происходившей от восторженного и ограниченного его ума, начали сказываться в стиле его статей и фельетонов, приобретавших восклицательноразговорный тон. «Est-il possible que ce soit ainci? allons, allons!» — или — «mais si, mon pauvre lectuer, mais si!».[7] Новаторы, по его мнению, были просто des gens de mauvaise valonté.[8] Но он был, в сущности, неиспорченный человек с чистым сердцем, и это было тем более удивительно, что он провел свою жизнь в актерской среде. Он влюбился в Лолу с необыкновенной и неожиданной силой, которой совершенно не соответствовали его физические возможности. Так как он был очень влюблен, то находил в Лоле все достоинства и решил, что единственная вещь, достойная ее, это рампа. Он был довольно влиятельным человеком, близко знавшим всех актеров и директоров театра, и, благодаря ему, Лола, после нескольких месяцев подготовки, дебютировала в неболыпом театре на окраине Парижа. С тех пор ее карьера не была ничем прерываема. Ее первый покровитель вскоре умер, после роскошного ужина с шампанским и какими-то древнейшими винами, жестокого совершенства которых уже не мог вынести его усталый организм. Он умер сразу, едва лег в постель, и Лола, надев на голое тело пальто, отправилась за доктором, который пришел и сказал: — Il n'est pluse, mon enfant.[9] — Она стояла рядом с кроватью, пальто ее распахнулось, и доктор, не будучи в силах,

---

[7] «А мыслимо ли это? полноте!», «ну конечно, мой дорогой читатель, ну конечно!» (фр.)

[8] люди дурного нрава (фр.)

[9] Его больше нет, дитя мое (фр.)

17

— вдруг, так, в первый раз в своей жизни, — сопротивляться внезапному и неудержимому желанию, начал целовать в совершенном исступлении это послушное тело и тотчас же увез Лолу к себе, где она и осталась на некоторое время. Таковы были важнейшие события в ее жизни; это происходило бесконечно давно, более полувека тому назад. Потом все шло по раз навсегда установленной программе — пьесы, покровители, покровители, пьесы. Когда ей было двадцать лет, у нее был первый любовник, то есть первый человек, к которому она испытала сильное физическое влечение. Но и он вскоре умер, свалившись с пятого этажа лестницы в пьяном виде, — он был по профессии маляр. Он был единственным человеком, которого она любила. Все остальные — с неизменными фразами, всегда напоминавшими ей театральные реплики, с их смешным и жалким исступлением, и другие, действительно замечательные люди своего времени, — были ей почти безразличны: elle les laissait faire.[10] Среди них были политики, писатели, музыканты, но никто из них не мог даже отдаленно сравниться по привлекательности с погибшим маляром, корсиканцем по национальности, звонко хлопавшим ее твердой рукой по голому телу ниже спины и от которого так приятно пахло недорогим вином и крепким потом крестьянского лохматого тела. Но по мере того, как шло время, многочисленные журналисты создали совершенно иной облик Лолы, который не имел с ней ничего общего. Она разрешала им писать все, что они хотели, — и вот появлялись ее разговоры о пластическом искусстве, об испанском театре, об итальянской живописи и даже о русской литературе, о которой она не имела никакого представления. Так, мало-помалу, за ней установилась репутация эрудитки — за это она как-то упрекала, выпив лишнее, своего старого знакомого, специалиста по коротким статьям о классическом балете: tu m'as traitй d'йrudite, tu croyais peut-йtre que je ne le saurais pas?[11] И специалист по коротким статьям о классическом балете не знал, как это понять, и, в конце концов, решил, что это шутка. Годы шли, была все та же жизнь, рассветы, поздние вставания, романы, все те же слова о любви, божественности, экстазе, рестораны, вина, диваны — и, несмотря на крепчайший организм, к сорока годам стало пошаливать сердце, начались непонятные боли в области живота, и знаменитый доктор

[10] она их не замечала
[11] ты назвал меня эрудиткой, ты думал, может быть, что это на самом деле не так? (фр.)

рекомендовал ей более умеренный образ жизни. Но когда она спохватилась, было слишком поздно, и последние двадцать лет она потратила на борьбу с болезнями и старостью. Мало-помалу дошло до того, что ей было запрещено все, что она любила. Нельзя было ни есть, ни пить как следует, нельзя было принимать очень горячие ванны, вообще ничего нельзя было. Она примирилась и с этим. У нее давно было некоторое состояние, она могла бы уехать на юг, где ей принадлежала прекрасная вилла возле Ниццы, но она ни за что не хотела оставить сцену, к которой слишком привыкла за пятьдесят лет. В самые последние годы она стала выступать в мюзикхолле и вот теперь, решив открыть собственный театр, но жалея на это тратить деньги, обратилась к Сергею Сергеевичу, которого знала так же, как его знали все. Она объяснила ему, что это будет с его стороны великодушный жест, за который ему будет благодарна многочисленная парижская аудитория, но что, в сущности, эго будет одновременно и чрезвычайно удачным помещением денег, так как мюзикхолл сразу же будет давать бешеные сборы. Она сказала Сергею Сергеевичу, что у нее есть уже идеи о том, каким должно быть revue, которое могло бы называться «За б Paris» — il y aura des décors somptueux,[12] — и она засыпала Сергея Сергеевича целым каскадом слов, неубедительных в своей пышной банальности, точно заимствованных из того убогого языка, которым писались отчеты о премьерах во всех газетах. Это был тот самый стиль, которым пользовался еще ее первый покровитель и бесконечные образцы которого она читала потом всю свою жизнь. Туда входили «dйcors somptueux», «tableaux enlevйs б un rythme endiablй», «le charme йtrange de m-lle», «la voix chaude et captivante de m-r»[13] и т. д. Лола не умела говорить другими словами, да никто никогда и не объяснял ей, что этот язык невыразителен и плох; сама же она этого не подозревала. Сергей Сергеевич внимательно слушал Лолу, говоря иногда: merveilleux, admirable, il fallait le trouver...[14] — и думал о том, что если бы Лола была моложе, то она все это устроила бы сразу и не обращалась бы к нему. Теперь ему надо было найти предлог, чтобы уклониться от этого субсидирования, которое было бы бессмысленной потерей денег. Поэтому, как только Лола

---

[12] ревю... «Так в Париже» — и будут пышные декорации (фр.)
[13] «роскошные декорации», «сцены в неистовом ритме», «странное очарование мадемуазель», «теплый и пленительный голос месье» (фр.)
[14] прекрасно, восхитительно, надо же так придумать... (фр.)

остановилась, он сказал с задумчивой и убедительной интонацией: — J'aime beaucoup votre projet, madame. Oui, je l'aime beaucoup. — Он остановился на секунду, как бы мысленно представляя себе все великолепие этого проекта. — Une salle pleine б craquer et la foule en délire, la mme foule qui vous a toujours adorée.[15]

Он еще раз сделал паузу, потом вздохнул и прибавил:

— К сожалению, завтра я уезжаю в Лондон на несколько недель. Как только я вернусь, я вам телефонирую, и поверьте, что я был бы счастлив и горд... вы понимаете...

Лола поднялась с кресла рассчитанным и быстрым движением, от которого раздался легкий хруст и по усталому телу пошли, смешиваясь друг с другом в одно ощущение мути и дури, разнообразные боли: кололо отсиженную ногу, болел геморрой, стучало в правом виске, но на лице ее была все та же «ослепительная» улыбка, та самая, которая фигурировала на всех фотографиях и казалась удивительной, потому что должна была бы сводить искусственные челюсти Лолы, сделанные из добротнейшего материала. Она протянула Сергею Сергеевичу дрожащую свою руку с ярко-красными ногтями и ушла быстрой походкой, которую были способны во всей мере оценить только два человека: ее доктор и она сама. По дороге она вспомнила слова Сергея Сергеевича о foule qui l'a toujours adorée[16] и еще раз улыбнулась. Она искренне верила, что ее действительно обожают, искренне верила в свое сценическое призвание, и это было для нее тем единственным, из-за чего стоило так мучиться и жить, потому что все остальное уже умерло. Ради этого она шла на унижения, отказы, ради этого — для иллюзии своей неувядаемой молодости — она вышла недавно замуж за человека, который, при всей своей добросовестности, не мог скрыть в некоторые минуты своего отвращения к ней, — и она делала вид, что этого не замечает. Все это делалось ради foule qui l'adorée,[17] которой на самом деле так же не существовало, как молодости. Но этому Лола никогда бы не поверила, потому что в таком случае ей оставалась только смерть, которая была еще страшнее, чем все болезни, вместе взятые.

Следующим посетителем, задержавшим Сергея Сергеевича всего несколько минут, был известный драматург, режиссер и

---

[15] Мне нравится ваш проект, мадам. Да, очень... Зал забит до отказа и толпа безумствует, та самая толпа, которая вас всегда обожала (фр.)
[16] толпе, которая ее всегда обожает (фр.)
[17] толпы, которая ее обожает (фр.)

20

актер в одно и то же время, автор бесчисленного количества пьес, полный пятидесятилетний мужчина, жеманный, как кокетка, беспрестанно менявший выражение лица и интонации, чрезвычайно довольный собой и своими успехами и настолько убежденный в своем превосходстве над другими, что от этого даже добродушный. Он был совершенно непроницаем для искусства в том смысле, что все, претендовавшее на подлинный талант, подлинное понимание и подлинное вдохновение, для него не существовало и не производило на него никакого впечатления — настолько это было чуждо ему и далеко от его собственного творчества, в котором раз навсегда все было определено и сводилось к довольно многочисленным и нередко забавным вариациям одной и той же темы об адюльтере. Иногда, впрочем, его герои затрагивали и общие темы, и даже социальные; но это всегда бывало так плоско, что он сам говорил, что еще раз убедился — эти сюжеты публику не интересуют. Он пришел сияющий и счастливый, хотя, в общем, не очень любил Сергея Сергеевича за то, что тот относился к нему без достаточного уважения, но он извинял его — avec sa fortune, il peut se permettre...[18] Он предложил Сергею Сергеевичу билет на бал, который устраивал в пользу неимущих артистов. Сергей Сергеевич извинился, сказав, что не может быть, так как уезжает, но что, конечно, возьмет несколько билетов и предложит знакомым и что, не желая подвергать организатора бала риску неуспеха, заплатит за них сейчас же. Кроме того, он просит принять сумму, которая... — затем он написал чек и, вручив его, не взяв ни одного билета, пожал руку своего гостя и попрощался с ним.

Последней посетительницей была совсем юная актерка. Она тоже пришла с личным приглашением на премьеру пьесы, в которой она должна была играть главную роль. Она была очень весела и довольна, так как до того, как ехать к Сергею Сергеевичу, была у врача, убедившего ее, что сифилис, которым она совсем недавно заболела, так как только что начинала свою карьеру, — совершенно и бесследно излечим. Она рассказала Сергею Сергеевичу, что все épatant, что ее коллеги tous de chics types[19] и что она очень довольна. — Alors, mon petit, — сказал Сергей Сергеевич, — qu'est-ce que tu veux?[20] — Она объяснила, что телефонные и письменные приглашения, по ее мнению, не действуют и что поэтому она

---

[18] с его состоянием, он может себе это позволить... (фр.)
[19] в изумлении... симпатичные парни (фр.)
[20] Ну, моя крошка... чего же ты хочешь? (фр.)

решила лично это сделать. — Я тебе очень благодарен, я постараюсь прийти, — ей он не счел нужным объяснять, что он уезжает.

Лиза и Сережа вернулись только к обеду. Сергей Сергеевич сказал:

— Ну, дети мои, я рад вас видеть — а то я уж начал думать, что я просто импресарио. Представьте себе, три визита, и все артистические.

Сергей Сергеевич сразу увидел, что с Лизой происходило что-то необыкновенное: она несколько раз засмеялась — что ей было несвойственно, глаза ее блестели, движения стали быстрее. Но о причинах этого Сергей Сергеевич не спросил. Сережа тоже был возбужден после прогулки; но тут все было понятно — таким он возвращался всякий раз из Булонского леса.

— Начинаются отъезды, — сказал Сергей Сергеевич. — Послезавтра я должен быть в Лондоне. Леля уехала сегодня днем.

— Мама уехала?

— Леля уехала?

Но Сережа спросил голосом, в котором было одновременно удивление, огорчение и неожиданность. Лиза сказала те же слова приблизительно так, как если бы хотела сказать: я так и думала; очень мило, хотя, конечно, этого следовало ожидать.

— В Италию? — спросила Лиза. — Почему ты так думаешь? — Ну, я сказала в Италию, как сказала бы в Австралию или Турцию. — Как странно, Лиза, ведь ты угадала: действительно, в Италию. Я думаю, через неделю мы получим письмо. Нет оснований сомневаться, что все будет хорошо, как всегда.

— Да, как всегда, — сказала Лиза.

Сережа слышал этот незначительный разговор, который он теперь понимал иначе, чем понял бы год тому назад, когда не знал ничего, и за теми же самыми словами был теперь иной смысл. Значили они то, что Сергей Сергеевич не хотел ни в чем обвинять Ольгу Александровну и заранее ей все прощал, а Лиза находила, что поступать так нехорошо и недостойно. Так это понимал Сережа, но это было неправильно.

— А ты, Лиза, как? — сказала Сергей Сергеевич после того, как прошла эта слегка тревожная пауза, вызванная мыслями об отъезде Ольги Александровны. — Ты едешь?

— Еду, я думаю, — сказала Лиза обычным своим медленным голосом. — Еду, я думаю. Я думаю.

— Мы уже знаем, Лиза, что ты думаешь, — терпеливо сказал Сергей Сергеевич. — Но что именно ты думаешь?

— Мы с Лизой решили ехать на юг, — быстро сказал Сережа. — Завтра.

— А меня не приглашаете?

— Ты же в Лондон, — пожав плечами, сказала Лиза.

— Из Лондона тоже люди ездят.

— Приезжай из Лондона, — сказала Лиза таким тоном, как если бы хотела сказать: что же, с этим придется примириться.

— Ты меня приглашаешь без энтузиазма, мне кажется.

— Милый мой, нельзя всю жизнь с энтузиазмом жить. И тебе это должно быть особенно понятно — у тебя ведь энтузиазма вообще никогда не было.

— Представь себе, был, — как бы сам этому удивляясь, сказал Сергей Сергеевич. — Но, конечно, как ты глубокомысленно говоришь, всю жизнь с энтузиазмом жить нельзя — устать можно. Да у тебя, конечно, и годы уже не те.

— Оставь в покое мои годы...

— Лиза, — спокойно сказал Сергей Сергеевич, — у тебя портится характер. Заметила ли ты, между прочим, что плохой характер и хороший вкус друг другу противоположны и стремятся к взаимному уничтожению?

— Заметила, — отрывисто и иронически сказала Лиза.

— Но не сделала выводов?

И тогда вдруг Лиза, с расширившимися от бешенства глазами, тихо сказала, глядя прямо в глаза Сергею Сергеевичу:

— Я больше так жить не могу, ты понимаешь? Все всегда очень мило, всегда шутки, всегда этот всепрощающий ум — и полное отсутствие страсти, крови, желания.

— Боже, какие ты ужасы говоришь, — сказал Сергей Сергеевич таким же эпическим голосом, каким он рассказывал охотничьи истории: «День, как сейчас помню; был облачный, тихий. Собака моя, которую я, представьте себе, купил совершенно случайно у крестьянина и которая оказалась...»

— Не могу, не могу, не могу! — закричала Лиза и, поднявшись изза стола, ушла к себе.

Сергей Сергеевич и Сережа остались вдвоем. Сергей Сергеевич начал медленно насвистывать серенаду, сам прислушиваясь к точному и чистому свисту; досвистел до конца и сказал:

— Там, на юге, ты тетке посоветуй как можно больше в воде сидеть, это ее нервы успокоит. А part a,[21] как твои дела?

— Ничего, — сказал Сережа. — Сегодня я тренировался на сто метров.

---

[21] Хватит об этом

23

— Какое время?

— Двенадцать с половиной.

— Многовато, — сказал Сергей Сергеевич. — Я думаю, ты теряешь время на старте.

Аркадий Александрович Кузнецов, с которым Ольга Александровна уехала в Италию и с которым она познакомилась около года тому назад, был полноватый человек сорока семи дет, с блеклыми глазами, небольшой лысиной, одетый несколько по-старинному, носивший трость с набалдашником; лицо у него было желтоватой окраски, была небольшая одышка, медленная походка и неожиданно высокий голос. Он никогда не занимался никаким физическим трудом и никаким спортом; поэтому руки и тело у него были мягкие, как у женщины. По профессии он был писатель — и этому обстоятельству был обязан знакомством с Ольгой Александровной, потому что встретился с ней на литературном вечере, где поэт средних лет с отчаянными глазами на измятом лице читал невиннейшие стихи, в которых главным образом описывались природа и любовь к земле.

Билеты на этот вечер, знаменательный в жизни Ольги Александровны, купил, конечно, Сергей Сергеевич, который за обедом сказал ей и Лизе:

— Вы бы, девочки, сходили раз в жизни стихи послушать.

И объяснил, что поэт, которого им предстояло слушать, был un brave homme,[22] у которого шесть душ детей и постоянно беременная жена, и что жилось ему туго. Все это было так неожиданно, что Ольга Александровна и Лиза решили поехать на этот вечер. Поэт читал стихи, чрезвычайно похожие одни на другие и настолько очевидно бесполезные, что слушателям становилось несколько неловко. К тому же у поэта был довольно заметный провансальский акцент. Но кончив свое третье стихотворение, он посмотрел на аудиторию и вдруг улыбнулся такой откровенной и наивной улыбкой, бессознательно-очаровательной, что всем стало ясно, что стихи, это, конечно, не важно, а важно то, что это, действительно, милейший и простодушный человек и что, наверное, он очень любит детей, — и все это было в той удивительной улыбке.

— Ах, какая прелесть! — сказала Ольга Александровна по-русски.

И тогда человек, сидевший с ней рядом, повернул к ней желтоватобледное лицо с блеклыми смеющимися глазами и сказал:

---

[22] славный человек

— Действительно.

Во время перерыва этот человек обратился к Ольге Александровне с извинениями по поводу реплики, которую позволил себе сделать, и назвал себя; Ольга Александровна никогда не слышала его имени, но Лиза читала его книгу, и разговор перешел на литературу. Потом он пригласил их в кафе, был очень мил, любезен и скромен, и на следующий литературный вечер Ольга Александровна пошла уже с твердым намерением его встретить. Такое же намерение руководило и Аркадием Александровичем; и еще через некоторое время знакомство стало принимать угрожающие и привычные формы, вне которых жизнь Ольги Александровны каким-то роковым образом не могла протекать. Когда Лиза спросила Сергея Сергеевича, знает ли он фамилию Кузнецов, Сергей Сергеевич сказал, что знает, и на вопрос о том, что он, по его мнению, из себя представляет, сказал с обычной своей улыбкой:

— Графоман.

И потом он со всегдашним своим благодушием заговорил о литературе и писателях, которых — всех без исключения — считал очаровательными людьми, но, конечно, ненормальными и ошибающимися. Ошибались же они чаще всего в своем призвании; по мнению Сергея Сергеевича, большинству из них совершенно не следовало писать.

— Что ты называешь большинством?

— Термин, конечно, уклончивый, Лизочка. На этот раз я могу уточнить: девяносто процентов.

— Строг ты, Сергей Сергеевич.

— Почему же строг? Я им деньги даю.

— Ну, деньги ты всем даешь.

— Не всем, к счастью. Но многим, это верно.

— Нет, а уважение к писателю?

— Ну, Лиза, не капризничай, — тебе уже и уважение нужно. Ты, может быть, дневник пишешь? Тогда я тебе изложу другую точку зрения на литературу, совершенно восторженную, чтобы тебе доставить удовольствие. А так — ну за что я их буду уважать? Вот этот твой Кузнецов, он, знаешь, такие печальные книги пишет, и все есть тлен, дескать, и суета, а сам он такой интересный и умный и все это прекрасно понимает. А герои у него все говорят одним и тем же интеллигентски-адвокатским языком, которым живые люди вообще не говорят, Лизочка, а только присяжные поверенные и фармацевты. И все эти герои — от конюха до генерала — говорят одно и то же.

— Что же, ты отрицаешь законность пессимизма?

— Нет, не отрицаю, но важны причины, которые... У человека, скажем, хронический ревматизм, или почки, или печень, — вот тебе и пессимизм.

— Меня удивляет, Сережа, такое грубое физиологическое объяснение.

— Да ведь это же не так просто, это проходит через множество градаций только я их пропускаю. Или вот, скажем, он импотент.

— Ну, этого я не думаю.

— Нет, ведь это только предположение. А вообще, он милейший человек, я его знаю, видел несколько раз, немножко меланхолический, немножко мягкий, а в общем, очаровательный. Может быть, ему деньги нужны? Почему ты вообще о нем заговорила?

— Мы с ним познакомились на литературном вечере..

— А! Ну и что же?

— Он, кажется, нам понравился, — сказала Лиза, уходя из комнаты. И вдогонку неторопливый голос Сергея Сергеевича, в котором слышалась на этот раз настоящая улыбка, сказал:

— Тебя послушать, Лизочка, ты просто святая. Больше разговор об Аркадии Александровиче не возбуждался. Только однажды за столом Сергей Сергеевич сказал вскользь, что читал книгу Аркадия Александровича «Последний перегон» и что находит ее замечательной: такой ум, такое понимание; он сказал это с простодушным и доверчивым убеждением, и Ольга Александровна посмотрела на него благодарными глазами, и только Лиза, не поднимая головы, — она ела артишок, — проговорила: — Какой актер в вас погибает, Сергей Сергеевич!

Между тем отношения Ольги Александровны и Аркадия Александровича начинали принимать уже совершенно непоправимый характер. Ольга Александровна прочла все его книги; читая их, ей казалось, что она слышит интонации его трогательно-высокого, детского голоса, и все многочисленные страдания его героев, вызванные разнообразнейшими причинами, заставляли Ольгу Александровну возвращаться к одной и той же мысли, которую она както высказала сестре, сказав, что, только прочтя эти книги, понимаешь, сколько должен был страдать этот человек, чтобы написать это. Книги Аркадия Александровича были, действительно, чудесны; то неопределимое и прекрасное, что было в них, все росло и шумело и никогда не кончалось, все было умно, нежно и печально, — и только никто, кроме Ольги Александровны, не умел этого видеть. Ольга Александровна начала заботиться о его костюмах, о том, чтобы он надевал теплое пальто, потому что стояла холодная погода, чтобы он не простудился, чтобы он пошел к доктору. И Аркадий Александрович, в свою очередь, влюбился на сорок восьмом году, в первый раз в своей жизни. Выяснилось это однажды утром, когда его жена, усталая женщина с безжалостно крашенными волосами, услышала, что он пел. Она так изумилась, что вышла из спальни в пижаме и прошла в ванную, где увидела Аркадия Александровича, голого до пояса, увидела это ненавистное, белое и дряблое тело и — в зеркале — неожиданно веселые глаза. — Ты с ума сошел? — Аркадий Александрович, продолжая напевать, не обращал на нее внимания. Наконец, когда она повторила свой вопрос, он обернулся к ней, засмеялся и сказал:

— Не старайся понять то, что ты не в состоянии понять.

— Я в состоянии понять, что ты стар и глуп.

— Ограничься этим и оставь меня в покое. И тогда она вспомнила еще несколько вещей, на которые не обращала внимания до сих пор, и, сопоставив все это, пришла к убеждению, что произошла в жизни ее мужа какая-то ускользнувшая от нее, но очевидная и значительная перемена. Во-первых, он не просил больше денег. Во-вторых, он перестал жаловаться на судьбу. В-третьих, он как-то был на концерте Крейслера. Целый ряд поразительных вещей вошел в его жизнь и изменил все. Людмиле обычно было некогда думать об этом. Ее собственная жизнь была слишком сложна, чтобы она могла останавливаться еще на этом.

Людмила была женщиной исключительной. За много лет совместной с ней жизни Аркадий Александрович не заработал почти ничего, все было сделано ее заботами. Вместе с тем, была приличная квартира, обстановка, все и всегда было заплачено, и она и Аркадий Александрович жили совершенно благополучно и обеспеченно. Мужа своего она презирала до глубины души, но сохраняла как некую юридическую фикцию, которая входила в ее бюджет так же, как газ, электричество и телефон. В ее делах она часто пользовалась его именем, о чем он чаще всего не знал. Он не знал также, что в ее рассказах он неизменно фигурировал как тиран и деспот и человек болезненно ревнивый, от которого она была вынуждена скрывать решительно все. А скрывать ей было что. Последнее по времени дело, исключительное по удачности осуществления, заключалось в том, что от своего поклонника она получила десять тысяч на похороны единственного ребенка, очаровательной восьмилетней девочки, о болезни и смерти которой она рассказывала страшные подробности; и настоящие слезы стояли в ее синих глазах. Поклонник ее, немолодой человек, сам отец семейства, не мог в свою очередь удержаться от слез, слушая ее рассказ, чудовищный по своей простоте и убедительности. Она умоляла его не звонить ей неделю, дать ей время похоронить свою дочь, после которой на свете у нее оставалось одно утешение — его любовь, — и потом она сама позвонит ему или напишет. И она уехала, крепко сжимая сумку с деньгами, полученными путем такого труда; и только в автомобиле стала медленно отходить, и лицо ее постепенно принимало свой всегдашний характер, трудно передаваемый; холодность, некоторая душевная усталость и только в глазах нечто вроде намека на какие-то обещания. Это был своеобразный тип очарования, не лишенный привлекательности, особенно для немолодых уже людей. Людмила могла нравиться или не нравиться, ее замыслы могли не удаться, если она не нравилась; но если она нравилась, она добивалась своей цели; у нее было то, что она сама называла мертвой хваткой. Была еще и недюжинная изобретательность, которая проявилась, например, в деле о похоронах дочери; у нее никогда не было детей; но если бы они были, то они могли бы с чистой совестью болеть и умирать, так как на те деньги, которые она получила на их лечение и похороны, можно было лечить и умертвить целую семью.

У нее были туберкулезные братья — в последнем градусе чахотки — в швейцарских санаториях, откуда они должны были уйти, так как было нечем платить; были многочисленные родители, хронически голодавшие в России, сестры, разбитые параличом и навеки осужденные не вставать с постели; были векселя, подписанные в жестоких обстоятельствах и предъявленные к взысканию. потому что она, Людмила, в ответ на наглое предложение кредитора, не удержалась и дала ему пощечину и потом бессильно рыдала у себя дома, в квартире, за которую тоже давно не плачено, Вместе с тем, она отличалась немецкой аккуратностью и своеобразной щепетильностью в денежных отношениях, уплачивая все до копейки и совершая это как некий искупительный подвиг, и с презрением относилась к людям нечестным или не платящим долги. В ее жизни была только одна слепая и безжалостная страсть, ради которой она была готова забыть обо всем остальном, — эта страсть была музыка. Она сама была отличной пианисткой, и вечерами, одна в своей квартире, она играла, охваченная холодным и самозабвенным сладострастьем, Баха, Бетховена, Шумана. И только в эти часы, далекая от всего остального, одна в этом призрачном и нарастающем полифоническом мире, она чувствовала себя по-настоящему счастливой. Потом она прекращала игру и останавливалась, неподвижно глядя в черное зеркало рояля; и умолкнувшие мелодии продолжали беззвучно греметь, вызывая целый ряд сожалений, предчувствий и напоминаний о том, чего никогда не было. Она походила тогда на человека, содрогающегося от понимания того, что его жизнь загублена, или на женщину, над которой разразилась страшнейшая катастрофа. Потом она ложилась в холодную постель с туго натянутыми синевато-белыми простынями, выкуривала несколько папирос и, одурманенная, засыпала, с тем чтобы на следующее утро вновь приниматься за прежнее. Она не знала ни привязанностей, ни любви, ни сожаления; и Аркадий Александрович, когда примерно раз в месяц, по утрам и непременно в пижаме, она устраивала ему сцены за то, что он повесил пальто не туда, куда нужно, или бросил непотушенный окурок в корзину с бумагой, — испуганно смотрел на ее растрепанные волосы, бледные губы, тряс головой и предпочитал не задумываться над тем, как было возможно, что существовала такая чудовищная и неправдоподобная жизнь.

И точно так же, как Людмила была лишена любви и сожаления, так же Аркадий Александрович был лишен самолюбия и нравственности. Он прекрасно понимал и знал, что это такое, и конфликты его героев имели чаще всего этические основания; но этому пониманию не соответствовали никакие его личные чувства. Он не был активно дурным человеком и не совершил бы нечестного поступка по отношению к ближнему; у него только совершенно не было ни мужества, ни воли к независимости. Теоретически он понимал, что нехорошо жить на деньги презиравшей его женщины, которая вдобавок зарабатывала их таким неблаговидным образом, но как можно было поступить иначе? Он не мог даже представить себе, что он вдруг станет рабочим или служащим, уедет из прекрасной и теплой квартиры и будет жить в холодной комнате дешевой гостиницы и вставать в семь часов утра, — это было настолько ужасно, что нужно было мириться с чем угодно, чтобы избежать этого. И это нужно было делать ради этих самых моральных положений, которые годились только для литературы, но для которых в жизни не было места; иначе было бы слишком тяжело и неудобно жить. И когда люди, угощавшие его прекрасным обедом и предлагавшие взаймы необходимые сто или двести франков, дурно отзывались о его друзьях, он не защищал их, потому что защита значила бы, что больше не будет ни обеда, ни денег. Он даже не думал обо всем этом. Это выходило само собой, настолько это было очевидно. Раньше, когда он был молод и начинал свою литературную карьеру, он считал, что все надо изменить — и жизнь, и искусство, — и не стыдился произносить эти слова; потом почувствовал, что говорить так — искусство, жизнь — просто неловко в том обществе, в котором он вращался — почтенных людей, богатых коммерсантов с душой мецената, но не меценатов, как бывают люди с душой студента, но не студенты, известных политических деятелей или писателей, — словом, всех. чье более или менее прочное, закрепившееся положение не терпело ни желания, ни необходимости, ни чаще всего способности к отвлеченному мышлению или к сопоставлению различных концепций искусства. Мало-помалу и он становился похожим на них; но, как все ограниченные люди, не замечал этого, как не заметил своей ошибки, и стал думать, что молодежь ничего не понимает и заблуждается. В литературе он сразу усвоил себе один и тот же, раз навсегда взятый тон — несколько усталого скептицизма и постоянного, беспроигрышного эффекта — все тленно, все преходяще, все неважно и суетно. И так как это не требовало никакого усилия мысли, то все писалось легко и просто, и от этого автоматического разворачивания заранее придуманных положений Аркадий Александрович испытывал настоящее удовольствие, почти что радость, хотя судьбы его героев бывали обычно печальны. Однако литературного успеха у него не было. И этому были десятки готовых и вполне приличных объяснений; но главная причина, о которой Аркадий Александрович никогда не думал, заключалась в том, что он не был способен испытать или понять ни соблазна преступления, ни разврата, ни сильной страсти, ни стремления к убийству, ни мести, ни непреодолимого желания, ни изнурительного физического усилия. Он был полным и мягким человеком, мирно прожившим свою жизнь в довольно приятной квартире, и ни разу его чувства не подвергались жестоким испытаниям смертельной опасности, голода или войны — все шло в культурных полутонах и оттого все получалось, в сущности, неубедительно.

В жизни его было несколько женщин. Людмила была его третьей женой. Но он никогда не чувствовал себя способным ради женской любви пожертвовать чем-нибудь, а они именно этого и требовали даже в тех случаях, когда это было совершенно не нужно. Он расставался с ними без сожаления. Но и ему была нужна своя романтическая легенда — и он создал ее; он говорил, что был счастлив с женщиной, которая... и тут он произносил целую речь, сам испытывая от этого некоторое печальное удовольствие; эта женщина была его первой женой, и ее портрет висел у него над диваном: на портрете была изображена худенькая брюнетка монашеского типа, и портрет вообще был стилизован под нечто среднее между прелестью и целомудрием; рядом с этим портретом была другая фотография, почти такого же размера, на которой был снят сам Аркадий Александрович в белом костюме, с букетом цветов в одной руке и с панамой в другой — на кладбище, у могилы своей жены. По рассказу Аркадия Александровича, который он повторял много раз и которому сам начинал не на шутку верить, все выходило романтично и прекрасно донельзя. Он познакомился с ней на концерте, они долго говорили о музыке, о литературе, об искусстве вообще; она не знала ничего о грубости той жизни, которая его окружала, как ничего не понимала в деньгах; она была создана для искусства и для единственной и неповторимой любви. Но окружавшие ее люди не были способны понять ее очарования. Она пришла однажды к Аркадию Александровичу, принесла цветы и была вся такая хрупкая и нежная в своем весеннем туалете. И тогда она сказала ему, что вся ее жизнь принадлежит Аркадию Александровичу. И он ответил ей: — Дитя мое, если бы я считал себя способным создать ваше счастье... — Только вы способны это сделать, — торопливо ответила она. Но он взял ее руки, поцеловал их и сказал, что она слишком молода — сам он был старше ее на пять лет — и что ей нужно еще подумать, прежде чем решаться на такой шаг. Ему казалось, что хрупкое ее очарование не вынесет соприкосновения с действительностью брака, с неизбежной прозаичностью ежедневного совместного пребывания с человеком, который, быть может, недостоин ее. Но в конце концов он сказал себе, что счастье — редчайшая вещь в мире и что надо иметь мужество не отступить перед ним. И он женился. Ее бледное лицо, ее белое платье и воздушная фата в высокой церкви — он видел это как сейчас. Три года их жизни прошли — он просил прощения за тривиальное сравнение — как многогранный и смещающийся сон. Он знал, что это счастье не может быть продолжительным; она заболела дифтеритом и в несколько дней умерла. После ее смерти он вошел в свой кабинет, вынул браунинг, приложил его к виску и нажал гашетку. Раздался сухой треск, но выстрела не последовало. Он понял тогда, что это она вынула патроны из обоймы; стало быть, она хотела, чтобы он остался жить — быть может, для того, чтобы на этой земле не умирало то сожаление, которое осталось единственным следом ее кратковременного

31

пребывания здесь и того ослепительного счастья, которое она дала ему. Он говорил о том, как шумели печальные деревья на кладбище и как никогда он не забудет мелодию этого шума, последнюю мелодию, провожавшую ее в тот мир, в который он готов поверить со всей силой убеждения только ради мысли о ней. После этого он делал небольшую паузу и прибавлял:

— Но не будем говорить об этом. Это слишком тяжело для меня, и я не хотел бы, чтобы эта чужая печаль передалась вам.

Таков был рассказ Аркадия Александровича о его первой жене, вернее, та легенда, которую он создал и которая ни в какой степени не походила на подлинную историю его женитьбы. В легенде, например, совершенно отсутствовало какое бы то ни было упоминание о приданом; а, вместе с тем, именно это не упоминавшееся приданое явилось одновременно и причиной ухаживания Аркадия Александровича, и решившим все фактором. На концерте Аркадий Александрович не был, потому что билеты стоили слишком дорого; а встретился со своей первой женой у знакомых. Колебания перед браком, действительно, были, но вызывались они совершенно иными причинами, чем те, которые так выгодно оттеняли великодушие и жертвенность Аркадия Александровича в его рассказе, и объяснялись тем, что, во-первых, барышня была совершенно не уверена, что любит его, во-вторых, — и главным образом, — тем, что она не достигла еще совершеннолетия и не могла распоряжаться капиталом — около ста тысяч рублей, который ей принадлежал и который и составлял ее приданое. Но совершеннолетия она достигла через несколько месяцев, и тогда уже ничто не могло препятствовать браку. Аркадий Александрович действительно, впервые в жизни, проявил редкое упорство в достижении своей цели. Будущая теща его, лютая и скупая старуха, стремившаяся во что бы то ни стало выдать дочь за богатого человека, ненавидела Аркадия Александровича всеми силами. Он терпеливо сносил все и для оправдания своей снисходительности придумал теорию, извинявшую поведение старухи и ее нервность, которые объяснялись тем, что она много страдала, — что было неправильно: старуха не знала никаких страданий и прожила благополучнейшую жизнь; ей было только невыносимо жаль ста тысяч своей дочери. Дочь ее, подвергавшаяся, с одной стороны, бурным увещеваниям старухи, с другой — тихим уговариваниям Аркадия Александровича, долго колебалась, пока, наконец, Аркадий Александрович не одержал верха, — и тогда и произошла эта свадьба. Единственное, что в известной степени было верно в легенде Аркадия Александровича, это что его жена не знала цены деньгам — и они целиком перешли в его распоряжение, — и бессильная теперь старуха исчезла, как призрак. Но жена Аркадия Александровича никогда его не любила — и этому можно было бы привести множество доказательств, — и каждый из них вел свою собственную жизнь; но так как характеры обоих были лишены бурности, то, действительно, все протекало мирно, хотя и скучновато. Умерла она от неудачной операции, официально называвшейся аппендицитом. Патронов из револьвера она тоже не вынимала, потому что револьвера у Аркадия Александровича вообще не было, — и, наконец, деревья совершенно не шумели в день ее похорон, потому что было начало марта и листьев на них еще не было. Как это ни казалось странным на первый взгляд, эта легенда Аркадия Александровича имела у его поклонниц неизменный успех. После некоторой диалектической подготовки выходило, что вывод напрашивался сам собой: в жизни Аркадия Александровича образовалась непоправимая в некотором смысле пустота, и, конечно, эту пустоту могла заполнить другая женщина, тоже почти такая же — несколько не от мира сего, романтическая, не думающая о деньгах, — и такими считали себя решительно все. Только Людмиле Аркадий Александрович никогда не рассказывал этой легенды. Но Ольге Александровне он, конечно, ее рассказал и даже сообщил программу концерта.

Для Ольги Александровны Аркадий Александрович был совершенно новым человеком — она никогда до сих пор не знала таких людей. Вопервых, он был менее примитивен, чем все предыдущие; во-вторых, ей в нем понравились мягкость и некоторая беззащитность; этот человек не умел требовать, не умел устраиваться, не имел мужества сказать обожавшей его жене, что он ее больше не любит, так как он знал, что этого удара она не вынесет. — Но скажите ей это, ведь рано или поздно она должна это узнать... — Вы не знаете ее, — ответил Аркадий Александрович, — бедная Людмила!

Поездка в Италию была придумана, конечно, Ольгой Александровной. Она должна была встретиться с Аркадием Александровичем в Ницце, в гостинице на avenue Victor Hugo. Оттуда они поедут через Ментону, Бордигеро, Сан-Ремо и Геную — в глубь Италии. Проще было, конечно, вместе уезжать из Парижа, но Ольге Александровне непременно хотелось придать этой поездке подготовленный характер неожиданности и счастливой случайности. Одна, она едет в Ниццу; в окне вагона движется море, бегут километры — и вот вокзал, автомобиль, avenue Victor Hugo — и в холле гостиницы, наконец, неторопливая фигура, такая уютная, мягкая и родная. Ольга Александровна не понимала теперь, как можно любить человека, если у него широкие плечи, твердые руки и чудовищно двигающиеся мускулы под смуглой кожей; плечи должны были быть немного покатые, кожа трогательно белая, руки нежные и мягкие. Но вначале Аркадий Александрович категорически отказался от поездки, и он объяснил Ольге Александровне, что, к сожалению, это невозможно, потому что у него нет денег. — Глупый, — сказала она, потрепав его по щеке, которая прыгала и двигалась под ее рукой, — совсем глупый, как мальчик! — И хотя он продолжал протестовать и отказываться, кончилось это тем, что двумя днями раньше Ольги Александровны он уехал с Лионского вокзала первым классом, оставив записку Людмиле, что уезжает месяца на два и напишет ей; Людмилы третьи сутки не было дома.

Был июль месяц; Аркадий Александрович и Ольга Александровна проездом остановились в Ментоне, и им все казалось здесь так прекрасно, что дальше ехать не стоит; к тому же времени было много — целая жизнь впереди. Несмотря на то, что Аркадий Александрович был уже совсем не молод, грузен и болен, несмотря на то, что он давно перестал верить во что бы то ни стало, кроме уюта и хорошей квартиры, несмотря на то, что любовь его обычно утомляла, а длинные разговоры об одном и том же раздражали, — несмотря на все это, он почувствовал в первый раз за всю жизнь, что теперь отдал бы все, пожертвовав даже хорошей квартирой, за возможность пребывания с Ольгой Александровной. Это было высшее, на что он был способен. Иногда, после обеда, он садился писать книгу, которая называлась «Весенняя симфония» и в которой он непривычными словами описывал любовь двух молодых людей; причем в этой книге не было ни тлена, ни увядания, ни праха, а описывались вещи положительные и лирические; и это было бы неловко читать, как неловко было бы смотреть на старую и толстую женщину в легком газовом платье, которая бы прыгала по сцене, изображая юную сильфиду. Аркадий Александрович был слишком усталым человеком для того, чтобы внешнее такое его перерождение было прилично. Но, главное, он находил, что только теперь понял, что такое счастье, и только теперь почувствовал, как надо писать, и Ольга Александровна, которой он читал свои странно неумелые страницы, была с ним совершенно согласна.

По утрам они ходили купаться вдвоем; но неудобство этого заключалось в том, что Ольга Александровна прекрасно

34

плавала, а Аркадий Александрович плавать не умел. Стоя по горло в воде, он разводил руками, глубоко вздыхал и покачивался на месте, точно набираясь сил, чтобы поплыть, но никуда не двигался и продолжал так стоять и покачиваться. Когда Ольга Александровна оказывалась рядом с ним, он говорил:

— Как обидно, в сущности, что природа обошла человека, не дав ему способности летать, не дав ему способности плавать! Я бы поплыл сейчас далеко-далеко! — И Ольга Александровна, которая смеялась бы, если бы это сказал другой человек, как она смеялась бы над его неловкими движениями и неуверенностью в воде, умилялась его поведению и вместе с ним жалела, что человек обижен природой.

После отъезда Лизы и Сережи Сергей Сергеевич остался в Париже один. Ольга Александровна должна была находиться в Италии, писем от нее еще не было, и возвращения ее раньше чем через две недели Сергей Сергеевич не ждал.

В жизни его наступил один из редких периодов, когда он оказывался почти совершенно свободен: не было ни поездок, ни срочных обязательств, ни просителей, и все это беспрерывное движение вокруг него на некоторое время стихало. Он не изменял обычного образа жизни, по-прежнему рано вставал, по-прежнему всегда был аккуратен, чист и готов и по-прежнему имел такой вид, точно только что вышел из ванной. Но в такие дни он много читал, и на это, главным образом, уходили его досуги. Чрезвычайно редко, однако, он прочитывал книгу до конца; чаще же всего он ограничивался первыми страницами. Иногда он брал те романы, которые хвалила Ольга Александровна, но, прочитав несколько строк, аккуратно клал их на место. Книги Лизы были более интересны, но любимым ее автором был Достоевский, которого Сергей Сергеевич никогда не мог читать без сдержанного раздражения и усмешки. Зато Сережино чтение всегда вызывало в нем улыбку, это был либо Платон, либо Кант, либо Шопенгауэр. Кончалось все это обычно тем, что Сергей Сергеевич брал с полки Диккенса или Голсуорси и в десятый раз принимался за Оливера Твиста или хронику Форсайтов.

На второй день его отдыха, когда всем было известно, что он в Лондоне, — в то время как он почти не выходил из дому, — ему позвонил его старый товарищ с давних, еще московских времен, некий Слетов, который сказал, что ему необходимо повидать Сергея Сергеевича по очень важному делу, и, хотя Сергей Сергеевич отлично знал, что это за дело, он ответил, что будет рад его видеть. Через полчаса Слетов явился.

— Здравствуй, Федор Борисович, — сказал Сергей Сергеевич, — за такси ты заплатил?

Федор Борисович Слетов был высокий человек, чрезвычайно небрежно одетый, с помятым и желтым лицом, на котором казались удивительными восторженные голубые глаза. Ему было столько же лет, сколько Сергею Сергеевичу, но выглядел он значительно старше своего возраста.

— Представь себе, Сережа, не хватило пустяка, ты понимаешь... — быстро заговорил он. — Да, ведь ты еще не знаешь, все кончено, все, понимаешь, — он сделал решительный жест рукой, словно отсекая нечто незримое. Говорил он очень скоро, чуть ли не задыхаясь от торопливости и волнения. — Я не спал последние трое суток. Все, ты понимаешь, все. И кто бы мог подумать, — сказал он, резко замедлив свою речь и начиная говорить плавно и с размеренной горечью, — что она, Лили, окажется просто...

Он не кончил фразы и покачал головой.

— Женщиной, недостойной твоей любви? — спросил Сергей Qepceebhw.

— Сомнения невозможны, — тихо ответил Слетов. — Письма, доказательства...

— Ты неисправим, Федя.

— Да, да, знаю, заранее знаю... Но вы все, и ты в том числе, — ничего не понимаете.

— Да тут не Бог весть какая мудрость, Федя.

— Нет, мудрость! — закричал Слетов. — Ты говоришь, что это все случайные женщины, что смешно полагать, будто Лили, или Женя, или Оля окажется вдруг добродетельным ангелом, да? Так вот, милый мой, поверь мне, что нет двух одинаковых женщин в мире, понимаешь? Они все разные, все.

— Возможно. Действуют они, однако, все приблизительно одинаково.

— Нет, разно.

— То есть некоторые детали, возможно, и непохожи, — сказал Сергей Сергеевич, — и все-таки каждый раз ты приезжаешь совершенно так же, как сегодня, и даже та трогательная подробность, что у тебя нет денег на такси, остается неизменной. И каждый раз у тебя доказательства и письма.

— Ты знаешь, что такое творческое начало в жизни?

— При чем тут творческое начало? Я тебе объясню. Вот я полюбил женщину, которая...

— Ты обедал? — спросил Сергей Сергеевич. Было около восьми часов, Сергей Сергеевич никого не мог ждать в это время. Вдруг в передней раздался резкий и продолжительный звонок.

— Вот, Федя, кто бы это мог быть, судя по звонку, как ты думаешь? Мужчина или женщина?

— Женщина с настойчивой волей.

— А я бы сказал, что мужчина и еще, вдобавок, нахал.

Горничная передала Сергею Сергеевичу карточку, на которой было написано: Людмила Николаевна Кузнецова — и от руки, хорошо очиненным карандашом, было прибавлено: по очень важному личному делу.

— Знаешь, Федя, — сказал Сергей Сергеевич, — ты бы пошел принял ванну, побрился, привел бы себя в порядок; а я тем временем ее всетаки приму.

— Вот теперь я начал чувствовать голод, — сказал Слетов.

— Или иди, я тебя накормлю. Просите, — сказал он горничной.

Людмила вошла своей уверенной походкой, сказала деловитым голосом: — Здравствуйте, — села и тотчас закурила папиросу.

— Я могу вам быть чем-нибудь полезен? — спросил Сергей Сергеевич.

— Я думаю, — холодно сказала Людмила, — во всяком случае, я надеюсь.

— Если бы вы были добры сказать мне, чем именно я обязан удовольствию вас видеть...

— Вы должны это знать так же хорошо, как я.

— Видите ли что, — сказал Сергей Сергеевич, удобнее устраиваясь в кресле и точно готовясь произнести речь, — я имею несчастье — или счастье — быть сравнительно обеспеченным человеком, и это отражается самым пагубным образом на характере визитов, которые мне делают разные люди и цели которых, в общем, отличаются, я бы сказал, некоторой монотонностью. Я бы сказал, что девяносто девять процентов этих визитов имеют одно и совершенно недвусмысленное значение. В тех же случаях, когда визит делает женщина, то девяносто девять процентов можно заменить цифрой сто, нисколько не рискуя ошибиться. Другими словами, я хочу поблагодарить вас за очаровательное внимание, с которым вы выслушали все, что я говорил, и прибавить, что по поводу вашего посещения у меня не было с самого начала никаких иллюзий.

— Вы всегда так разговариваете?

— Нет.

— Вы знаете, что ваша жена уехала, но не знаете с кем.

— Видите ли что, — сказал Сергей Сергеевич. Он сделал вид, что задумался, посмотрел сначала на потолок, потом в лицо Людмилы и медленно сказал: — Я отрицательно отношусь к известной категории шантажистов, точнее говоря, к тем из них, которые пользуются именем моей жены. Попытки таких людей обречены на неуспех.

— Мне нет никакого дела до шантажистов, — нетерпеливо сказала Людмила. — Я знаю, что ваша жена — любовница моего мужа, что он уехал с ней...

— Извините, я прерву вас, — сказал Сергей Сергеевич. — Я полагаю, что иногда следует избегать слишком точных выражений.

— Я не привыкла к таким комедиям. Если для вас интересы вашей жены играют какую-нибудь роль, вы обязаны проявить по отношению к ней...

— Видите ли, — продолжал, не сдерживая улыбки, Сергей Сергеевич, — возможно, конечно, что это результат заблуждения, но я считаю, что хорошо знаю свои обязанности.

— Выслушаете вы меня или нет? — закричала Людмила.

— Нет, я не вижу в этом никакой необходимости.

— В таком случае, — резко сказала Людмила, поднимаясь, — вы еще услышите обо мне.

— Как, еще услышу? — сказал Сергей Сергеевич. — Мне казалось, что я слышал о вас совершенно достаточно.

Потом он прибавил задумчивым голосом:

— Кстати, я думал, что вы работаете менее кустарно.

Людмила, поднявшаяся было с кресла, вдруг сразу упала в него, выронив сумку, закрыла лицо руками и заплакала. Плечи ее тряслись от рыданий.

— По-французски это называется les grands moyens,[23]— сказал Сергей Сергеевич. — Но быстрота перемены тактики заслуживает похвалы.

— Вы чудовище, — фыркающим от слез голосом сказала Людмила. — Вам безразлично, что мне завтра, может быть, нечего есть.

— Мне очень нравится это «может быть».

— Вы мне не верите?

— Слушайте, Людмила Николаевна, — терпеливо сказал Сергей Сергеевич, — мне бы не хотелось, чтобы вы упорствовали в ваших заблуждениях на мой счет. Я знаю о вас все и прекрасно знаю, на какие деньги вы существуете. Поймите это.

---

[23] перебор

38

— Вы знаете все? — медленно сказала Людмила, подняв на него глаза. — И вам не жаль меня?

Это было сказано так искренне, голосом, столь далеким от какой бы то ни было искусственности или комедии, что Сергей Сергеевич пришел в восторг.

— Это прекрасно, — сказал он. — За c'est rйussi, mes hommages, madame.[24]

Лицо Людмилы осталось неподвижным, только в глазах промелькнула беглая и почти откровенная улыбка. Сергей Сергеевич в это время быстро написал чек. Людмила, не посмотрев на сумму, положила его в сумку, сказала прерывающимся голосом: — Простите меня, Сергей Сергеевич. Прощайте, — Сергей Сергеевич низко поклонился, — и ушла.

Когда Слетов вошел в кабинет, Сергей Сергеевич сказал ему:

— Ты был прав; Федя, это была женщина с упорной волей.

— Молодая, старая, красивая, некрасивая?

— Средних лет, Федя, не очень красивая, но, во всяком случае, интересная и с резко выраженной индивидуальностью.

— Какой именно?

— Б... — сказал Сергей Сергеевич со своей радостной улыбкой. — Кстати, расскажи мне о Лили, ведь я о ней ничего не знаю. Блондинка?

— Блондинка — такого нежного оттенка, который...

— Да, знаю. Голубые?

— Синие, Сережа.

— Рот чуть-чуть велик, ты говоришь?

— Пожалуй.

— Что-то детское, несмотря на?

— Да, это даже удивительно.

— Говорит «my little boy»?[25]

— Говорила, Сережа.

— Да, в общем, тип такой же, что всегда.

— Меня удивляет, Сережа, — сказал Слетов, — как ты, с твоим несомненным умом, считаешь, что может существовать определенный тип женщины, и вот их тысячи, и все они одинаковы, вплоть до выражений, размеров рта и цвета глаз. Пойми, что это не так, в каждой из них есть нечто неповторимое.

— Я бы сказал — непоправимое.

— Хорошо, непоправимое. Но когда ты дойдешь до этого и

---

[24] Вам это удалось, мои поздравления, мадам (фр.)
[25] «мой маленький мальчик» (анг.)

поймешь в ней вот эту одну, неповторимую черту, когда она перед тобой, понимаешь, беззащитна, как ребенок, ты понимаешь, — иногда заплакать можно.

— Это я понимаю, — сказал Сергей Сергеевич, — да ведь слез этак не хватит. Но расскажи же мне, где, что, почему? Впрочем, почему, это известно.

Сергей Сергеевич разговаривал так — откровенно, не играя никакой роли и не притворяясь, — с очень немногими людьми. Слетов был в их числе, потому что Сергей Сергеевич очень его ценил за удивительную душевную чистоту и за искренние дружеские чувства. Вместе с тем, жизнь Слетова, в которой Сергей Сергеевич не мог не принимать близкого участия, состояла из смены трагедий, всегда одних и тех же и за которые расплачивался — в буквальном смысле слова — всегда Сергей Сергеевич, на средства которого Слетов жил уже много лет. Трагедии эти состояли в том, что Слетов влюблялся в какую-нибудь женщину, причем для союза с ней не считал никакие препятствия непреодолимыми, добивался своей цели, снимал квартиру, устраивался навсегда и счастливо жил некоторое время, средняя продолжительность которого была определена Сергеем Сергеевичем в шесть месяцев приблизительно. Затем происходила драма: либо подруга Слетова оказывалась ему неверна, либо сам Слетов влюблялся в другую женщину; назревал разрыв, иногда с револьверными угрозами, потом бывало расставание, и затем, с новой возлюбленной, все начиналось сначала. Короче говоря, он был похож на Ольгу Александровну своим характером и своей неисчерпаемой верой в любовь с большой буквы. Любовь поглощала все его замыслы и все его время, и заниматься чем бы то ни было другим у него не оставалось никакой возможности; по образованию к тому же он был русский юрист и даже при всем желании не мог бы найти себе работы по специальности во Франции. Сергей Сергеевич однажды, в ответ на его просьбу устроить его куда-нибудь, послал его в провинцию — в окрестности Марселя — заведовать бухгалтерской частью в одном из своих предприятий, но через некоторое время после этого в предприятии начались перебои, и, когда Сергей Сергеевич поехал туда, он узнал, что причиной всего этого был очередной роман Слетова с женой директора. Директор был молодой, застенчивый и очень дельный человек, недавно женившийся и живший совершенно счастливо до приезда Слетова. Слетов влюбился в его жену, она отвечала ему взаимной страстью, втроем у них происходили откровенные разговоры, сопровождавшиеся тирадами Слетова о свободе воли и ссылками жены директора на сексуальные, основные, теории жизни, которые, по ее словам, служили единственным, все определяющим началом, чем-то вроде евангельских «альфы и омеги». В общем, выхода из положения не было, хотя Слетов с пеной у рта доказывал, что она должна уйти к нему; все это осложнялось еще тем, что она была на третьем месяце беременности. В результате директор, чрезвычайно привязавшийся к Слетову, не питавший к нему никаких враждебных чувств и продолжавший оставаться влюбленным в свою жену, которая тоже, со слезами на глазах, ему говорила, что она его любит и ни за что не согласна с ним расстаться, — в результате директор начал пить мертвую и на службу приходил уже пьяным; цифры и письма плыли перед его мутными глазами, до ужаса невыразительные и потерявшие какой бы то ни было интерес; и он плакал иногда в своем бюро, перестав стесняться присутствия посторонних. В это же время Слетов читал с его женой вдвоем, вслух, Гамсуна и рассказывал ей свою жизнь.

Сергей Сергеевич с терпением и благожелательностью выслушал исповедь каждого из трех заинтересованных; лицо его осталось неподвижным, когда жена директора говорила ему о сублимации сексуального чувства; он ей посочувствовал, сказал, что прекрасно ее понимает и не принадлежит к числу тех ограниченных людей, которые полагают, будто можно сразу, грубейшими, примитивными средствами разрешить такие предельно сублимированные конфликты; обещал сделать все, что в его силах, — и в тот же вечер увез Слетова в Париж, где Слетов собирался застрелиться и броситься под поезд метро. — Не стоит, Федя, — сказал ему Сергей Сергеевич, — я убежден, что ты найдешь еще что-нибудь неповторимое и ты увидишь, что я был прав. — Это было нетрудно предвидеть; и действительно, через две недели Слетов познакомился с какой-то чрезвычайно элегантной дамой, владелицей довольно значительного состояния, заключавшегося, однако, в совершенно неожиданных для Слетова формах — именно, в четырех крупных бюро похоронных процессий. Рассказывая это Сергею Сергеевичу, Слетов говорил о понятной, безумной, как он сказал, жажде жизни у этой молодой женщины. — Она окружена трауром, — говорил он, — у нее единственное желание: жить, жить, жить! Ты понимаешь?

Он едва не женился на ней, исчезнув на несколько месяцев, — и этому помешало только то, что она изменила ему, после чего он снова явился к Сергею Сергеевичу, не заплатив, как обычно, за такси, небритый, взъерошенный и измученный. —

Что ты, Федя? — сказал ему Сергей Сергеевич. — Вот уж, подлинно, — краше в гроб кладут. Откуда ты?

И вместе с тем этот человек никогда не знал, что такое разврат или любовь по расчету. После каждого своего романа он точно вновь воскресал для жизни, и о том, что этому предшествовало, сохранял самые смутные и беглые воспоминания. Каждый раз он был влюблен до сумасшествия, каждый раз он был готов на все; он неоднократно уезжал со своими возлюбленными и знал довольно хорошо Европу; он одинаково плохо, но бегло говорил на нескольких языках, а некоторым нежным и ласкательным словам он выучился даже повенгерски и по-голландски, не говоря уж об этом «интимном лексиконе», — как он сам выражался совершенно серьезно, — поеврейски, по-армянски, по-грузински. Несмотря на помятое, желтое лицо, всегдашнюю небрежность в одежде, на начинающуюся лысину и на полное физическое несоответствие с типом соблазнителя, он имел большой успех у женщин, которых заражал стремительностью своего чувства и отсутствием каких бы то ни было сомнений по поводу предстоящего счастья. Ни годы, ни длительный и, казалось бы, печальный опыт не произвели на него никакого действия. Всего, что не касалось непосредственно главного вопроса его жизни, именно любви, он просто не замечал и существовал точно в постоянном тумане, в котором, медленно скользя и постепенно исчезая, плыли все эти многочисленные Лили, жены директоров, владелицы бюро похоронных процессий. — Интересно, что с тобой будет, когда ты придешь в себя? — задумчиво говорил Сергей Сергеевич. — Неужели Неужели так до самой смерти?

— Смерть есть один из аспектов любви, — говорил Слетов. — Ты понимаешь, Сережа, ведь известный момент твоей близости с женщиной есть точный образ смерти. Но ты воскресаешь вновь для того, чтобы снова умереть. Это, конечно, банальная истина, но ведь это так, этого нельзя отрицать.

— И тебе никогда не бывает скучно? — с любопытством спрашивал Сергей Сергеевич.

— Я вижу, Сережа, что ты не знаешь, что такое любовь.

— В этом есть одно жестокое противоречие, — сказал Сергей Сергеевич. — Ты вникни, Федя. Что такое ценность вообще, ценность чувства в особенности, чем она определяется? Его исключительностью, его, если хочешь, единственностью. От него идут разветвления во все концы, во все закоулки твоей личной жизни. А ведь у тебя там живого места нет.

— Все единственно, все неповторимо, Сережа.

— Но ты-то все тот же самый.

— Нет, — серьезно сказал Слетов. — Я постоянно возрождаюсь.

— Знаешь, Федя, тебе бы анекдоты рассказывать.

Но Слетов никогда не уступал и никогда не отказывался от своих убеждений. Он поддавался иногда влиянию Сергея Сергеевича, ему не могла не импонировать всегдашняя спокойная уверенность Сергея Сергеевича в том, что этот вопрос надо разрешить так, а не иначе. Но в теоретических своих построениях он не мог поступиться ничем. Вернее говоря, теорий для него не существовало как таковых, они были хороши лишь постольку, поскольку могли с большей или меньшей убедительностью выражать или комментировать его собственные чувства. Всякая измена для него всегда была катастрофой; это было совершенно так, как если бы это с ним происходило в первый раз за всю жизнь. У него была почти бессознательная, глубокая уверенность, что именно он и есть человек, о котором Лили или какая-нибудь другая женщина должна была мечтать всю жизнь; и вот теперь, когда ее мечты сбылись, изменить ему она могла только в том случае, если нашла кого-то лучше него, — а это ему представлялось невозможным. Он не думал так, вернее, эти мысли никогда не принимали такой формы, но чувствовал он именно это, сам не отдавая себе в том отчета, — незаслуженная обида, явная, грубейшая несправедливость, чудовищное, невозможное недоразумение. Понять же возможность измены он никогда не мог — и оттого он всякий раз искренне и сильно страдал. Он рассказывал Сергею Сергеевичу о Лили, которая была американской взбалмошной женщиной, в известной мере даже поразительной по редкой своей прозрачности, по полному отсутствию душевно-человеческих чувств и мыслей; это была идеально здоровая блондинка с мускулистыми руками и ногами, с прекрасной, без малейшего недостатка, кожей, с большим аппетитом и завиднейшей правильностью всех физиологических функций организма; но за всю свою жизнь она прочла едва ли десяток книг, которые, к тому же, совершенно забыла. Никакие моральные вопросы в ее существовании не играли и не могли играть роли. Слетов считал ее ребенком, еще не понимающим всей прелести своей распускающейся души, — и, по досадному совпадению, в любовном письме, которое не оставляло никаких сомнений в ее измене, написанном по-английски, тоже говорилось о распускающейся душе.

Они пообедали вдвоем, Слетов выпил пять стаканов вина и потом долго и горько плакал.

— Стыдно, Федя, — сказал ему Сергей Сергеевич.

— Нет, нет, не стыдно, у тебя вместо души железо, ты этого никогда не поймешь.

Глаза Сергея Сергеевича вдруг сделались задумчивыми, и потом он сказал фразу, настолько поразившую Слетова, что тот поднял голову и внимательно посмотрел на Сергея Сергеевича.

— А тебе, Федя, никогда не приходило в голову, что это неверно?

Слетов опустил голову, и когда он поднял ее, на лице Сергея Сергеевича была уже прежняя, давно знакомая, радостная улыбка.

— Сегодня концерт Шаляпина, — сказал он, — пора собираться. Едем, Федор Борисович.

Лола Энэ вернулась домой около двух часов ночи, после обязательного вечера на Елисейских полях, который устраивал известный парижский декоратор и на который бы она не пошла, если бы не рассчитывала впоследствии обратиться именно к его услугам при постановке проектируемого revue в ее проектируемом мюзикхолле. Весь вечер она ослепительно улыбалась и шутила, хотя пила, в общем, мало, зная по опыту, что если будет пить много, то непременно заболеет. Она уехала оттуда в такси, потому что со времени ее недавнего замужества она была почти всегда лишена возможности пользоваться собственным автомобилем: по настоянию ее мужа, шофер был рассчитан и, вместо ее прежнего уютного «delage», была приобретена «бюгати», которой правил ее муж. Машина, в общем, была всегда в его распоряжении, и Лола теперь почти исключительно должна была пользоваться такси. Кроме того, «бюгати» постоянно была в ремонте; это происходило либо от очередного столкновения с другим автомобилем, либо оттого, что гоночная модель «бюгати» была неприспособлена для сравнительно медленного городского движения и свечи ее мотора заливались маслом. Все это стоило очень дорого и было одной из причин того, что самой главной мечтой Лолы теперь была мечта о смерти ее мужа. Она не знала, как от него избавиться, и очень боялась его, потому что, когда в первый раз она заговорила о разводе, он вдруг мгновенно побледнел и сказал, что если она начнет процесс, то он убьет ее. Лола чрезвычайно боялась смерти и очень испугалась этой угрозы. Она знала, что он способен это сделать; в последнее время, в результате жесточайшего пьянства, его рассудок начал явно мутнеть. Она мечтала, что он разобьется насмерть, что его автомобиль попадет под грузовик или под поезд на каком-нибудь переезде. Но необыкновенная и своеобразная удача помогала ему выходить невредимым из приблизительно еженедельных катастроф, что казалось особенно удивительным, потому что он правил автомобилем, будучи всегда пьян.

Он был начинавшим полнеть тридцатилетним человеком, с редеющими светлыми волосами, который прожил тихую жизнь, полную лишений, до встречи с Лолой. Он служил в страховом обществе, очень мало зарабатывал и жил в плохой гостинице, возле Больших бульваров. Все началось с того, что он написал Лоле несколько восторженных писем — о ее красоте, о ее таланте, о том, что эти письма не преследуют никакой корыстной цели, так как он не смеет даже надеяться на знакомство с ней. Единственное, чего он хотел, это чтобы Лола знала, что в мире есть сердце, которое бьется только для нее. Лола всегда была болезненно чувствительна к похвалам своему таланту и своей красоте, хотя, казалось бы, должна была знать им цену. Кончилось это тем, что она встретилась с ним и в первый же вечер стала его любовницей. Затем она решила, что выйдет за него замуж и будет, таким образом, знать, что есть любящий и всем ей обязанный человек, который будет питать к ней нечто вроде неугасаемой благодарности. Она заимствовала эту нелепую мысль из той плохой литературы, которую изредка читала. И она вышла замуж.

Все оказалось совершенно не так, как она предполагала. Вопервых, очень скоро он почувствовал к ней физическое отвращение. Когда она стремилась поцеловать его в губы, он неизменно отворачивался, так как не мог выносить постоянного дурного запаха, исходившего от нее и объяснявшегося и плохо, и медленно работающим желудком. У нее скоро появились и другие, совершенно бесспорные доказательства этого отвращения. К тому же выяснилось, что он, этот тихий и приличный Пьер, пил и, будучи пьян, начинал говорить тем языком, которым говорило французское простонародье и в котором для слуха Лолы не было бы ничего шокирующего, так как этот язык был и ее родным и естественным языком; но он говорил ей грубости, которых она никогда ни от кого не слыхала. Кроме того, он постоянно менял любовниц, некоторых из них привозил ночью к себе на квартиру, и Лола сквозь легкий, старческий сон слышала их голоса, крики и все остальное. Кроме того, он позволял себе самые нелестные замечания в присутствии прислуги, и это было совершенно неприлично.

И теперь, каждую ночь, вернувшись домой и, как обычно, долго не засыпая, Лола с наслаждением принималась мечтать о том маловероятном времени, когда она останется опять одна. Она отгоняла от себя мысль, что на это, в сущности, очень мало надежды. В конце концов, до сих пор, до этого несчастного брака, жизнь ее складывалась удачно, хотя особенного, ослепительного счастья и не было.

Был третий час ночи, Лола начала засыпать, когда раздался телефонный звонок. Испытывая необъяснимое, восторженное предчувствие, она взяла трубку. — Мадам Энэ? — сказал голос. — Ваш муж совершенно случайно, но очень тяжело ранен, его отвезли в госпиталь Божон. — Благодарю вас, — сказала она с заблестевшими глазами. Она тотчас же оделась и, остановив проезжающее такси, поехала в госпиталь. Когда она вошла туда, Пьер был уже мертв. Она настояла, чтобы ей показали его труп. То, что еще несколько минут тому назад было Пьером, лежало, скорчившись на боку и подвернув последним предсмертным движением левую руку, с которой не успели снять золотые часы-секундомер; и на закоченевшей этой руке, синяя и неизменно точная, стрелка продолжала свой вздрагивающий бег по белому циферблату. Лола стояла перед трупом; в эту минуту она была по-настоящему счастлива. Она бегло подумала о том, какая прекрасная реклама будет предшествовать открытию ее мюзик-холла: внезапная смерть мужа... в трагических обстоятельствах, которые полицейское следствие... Она расстегнула с легкой брезгливостью ремешок часов, сняла их и приложила к уху, хотя и без этого было очевидно, что они продолжали идти, — и вышла из комнаты, прикрывая платком свое преобразившееся, радостное лицо. Полицейские, привезшие Пьера в госпиталь, сказали ей, что в кабаре, где он был, произошла перестрелка между сутенерами и шальная пуля попала в ее мужа; рана, к сожалению, оказалась смертельной. Уезжая, Лола думала, что более счастливого предзнаменования для открытия ее театра, чем это неправдоподобное, заманчивое совпадение ее самой прекрасной мечты с самой несомненной действительностью, быть не может. Она вернулась домой, совершенно ошалевшая от счастья, приняла, просто для удовольствия, от необходимости как-нибудь проявить свое счастье, вторую дозу слабительного — первая была принята давно, еще до телефонного звонка и не являлась чем-то необыкновенным: Лола принимала эту порцию каждый вечер, — выпила целый стакан портвейна, легла и заснула крепким сном, каким не спала уже много месяцев.

Федор Борисович Слетов давно уже расположился ночевать в одной из «комнат для гостей» в квартире Сергея Сергеевича, который пожелал ему приятных сновидений и сказал, что ему необходимо основательно отдохнуть, готовя себя к новым и всегда возможным событиям, — и, как всегда, Слетов ответил, что жизнь его кончена. — Она столько раз кончалась, Федя... — Нет, на этот раз... ты знаешь, после такого удара... — Слава Богу, что ты жив остался, — сказал Сергей Сергеевич. И вдруг Слетов, обернувшись к нему, — он развязывал перед зеркалом галстук, — сказал:

— Знаешь, Сережа, у тебя в лице есть что-то мертвое.

— Ты же по мужским лицам не специалист, Федя.

— Нет, Сережа, я не шучу. Знаешь, вот эта твоя всегдашняя улыбка, точно ты постоянно чему-то рад, — это как в музее восковых фигур. Веселые такие глаза и слишком правильные зубы, как с рекламы для пасты, что-то уж очень неестественное.

— Что делать, природа обидела.

— Да нет, наоборот. Но чего-то тебе не хватает.

— Сердца, Федя, сердца.

— Это тоже верно.

— Ну хорошо. Спокойной ночи, пока что. И подумать, что в эту минуту Лили, быть может...

— Не говори мне о ней, ее нет.

— Да, Федя. Жизнь кончена, спокойной ночи.

— Спи, если можешь. Я не могу.

Но уж через полчаса Слетов хрипел и вскрикивал во сне, потом поднимался на постели и открывал глаза, но ничего не было видно, все было темно, и только издалека слышался заглушенный звук струящейся воды: Сергей Сергеевич принимал ванну.

Сергей Сергеевич еще долго не ложился спать. Он спал вообще шесть часов в сутки, не больше и не меньше; он засыпал мгновенно, почти никогда не видел снов, никогда не просыпался ночью, но утром, открыв глаза, сразу в это же мгновение обретал все свои способности. Он не знал половинного состояния, знакомого и приятного большинству людей, — между сном и действительностью. С давних, еще российских, времен он сохранил привычку класть под подушку револьвер, каждый вечер проверял, заряжен ли он, хотя уже много лет жизнь его ни разу не подвергалась опасности. Он, однако, всегда был готов к ней, готов теоретически, потому что практической опасности пока что не было и не предвиделось.

Сидя в кресле и держа в руках книгу, которую он не читал, он думал о том, как и чем должна разрешиться эта сложная система отношений, которая связывала его в разной степени с разными людьми, и главным образом с Лизой и с Ольгой Александровной. Он искренне хотел, чтобы Ольга Александровна могла, наконец, найти человека, который подходил бы к ее беспокойному идеалу счастья, — он знал твердо и очень давно, что он сам бесконечно далек от этого идеала. Кроме того, от любви к Ольге Александровне ничего не оставалось, кроме того хорошего отношения, о котором она сама говорила с таким возмущением. — Что им нужно? — подумал он с внезапным раздражением. — Федьку Слетова, который хороший человек, но сентиментальный дурак и больше ничего? — Сергей Сергеевич разговаривал сам с собой: двери комнаты были плотно заперты, никто не мог его слышать; кроме того, он произносил вслух только некоторые отрывочные фразы, главная же часть монолога происходила про себя. В эти редкие часы, когда он позволял себе роскошь таких размышлений, он был совершенно не похож на всегдашнего Сергея Сергеевича. Лицо его чаще всего выражало отвращение и тоску. Он подумал о теперешнем романе своей жены с Кузнецовым и пожал плечами, представив себе это итальянское путешествие. — Может быть, хоть на этот раз?.. — Но надежды было мало: Сергей Сергеевич слишком хорошо знал Ольгу Александровну. Потом мысль его перешла к Лизе, и он укоризненно и сокрушенно покачал головой. — Одна семья, одна кровь, — сказал он вслух. И в его послушной и непогрешимой памяти встала вся история его отношений с Лизой.

Лиза была младше Ольги на шесть лет. Она приехала в Крым, когда Сереже было три года — это было на второй год войны, — к Сергею Сергеевичу на дачу погостить; она была тогда почти такой же, как теперь, — то же овальное лицо с гладкой кожей и удлиненными глазами, те же сверкающие зубы, которыми она, заложив руки за спину, поднимала с полу довольно тяжелый чемодан, и на его кожаной ручке остались два влажных полукруга, та же удивительная для женщины подача в теннисе, та же уверенность в своей замечательности и та же непоколебимая воля. Она сразу поняла, что отношения между Сергеем Сергеевичем и Ольгой Александровной не были уже такими, какими должны были быть, и неодобрительно отнеслась к сестре, но, по обыкновению, ничего не сказала. То, что должно было случиться, случилось в отсутствие Ольги Александровны, уехавшей на несколько дней по делам. Сергей Сергеевич видел, что Лиза ходила как пьяная, глаза ее потеряли обычный блеск; и когда, однажды вечером, он обнял ее, пожелал ей спокойной ночи своим обычным, далеким голосом, он почувствовал, как тело ее дрожало. Твердоватые прохладные ее руки все сильнее и сильнее сжимались вокруг его шеи. Потом она сказала: — Не мучь же меня, — и руки ее внезапно ослабели.

И Сергей Сергеевич, и она были настолько скрытны, что никто не знал об их связи, даже прислуга. Ольга Александровна была слишком поглощена своими личными делами, чтобы обратить сколько-нибудь внимания на отношения между своей сестрой и мужем. И эта связь продолжалась вот уж тринадцать лет. Но Сергей Сергеевич никогда не мог ни сломить волю Лизы, ни заставить ее сделать что-либо, что она не находила необходимым. Он предложил ей жить отдельно, она в ответ только отрицательно покачала головой, — но самое решительное отрицание не могло быть более категоричным. Она не была ровна с Сергеем Сергеевичем — периоды презрительной холодности сменялись припадками бурной любви, — но независимо от того, как все происходило, лицо ее в официальной семейной жизни Сергея Сергеевича сохраняло столь же классическое спокойствие, сколь традиционна была радостная улыбка Сергея Сергеевича. В разговорах с ним она никогда не уступала. Как-то, когда они были вдвоем, он сказал ей:

— Вот, Лиза, ты некоторых вещей не можешь понять, тут для тебя стена.

— И эти вещи имеют ценность?

— Общего порядка, Лиза, общего порядка. Ты понимаешь, что личных упреков я тебе не мог бы делать, ты слишком совершенна.

Лиза насмешливо на него посмотрела. Полные губы Сергея Сергеевича были раздвинуты в восторженной улыбке.

— Хорошо, какие же вещи?

— Вот, ты решительно ничем не могла бы поступиться для других. Доводя «до», получилось бы: если бы на путь твоего счастья, выражаясь торжественно, кто-либо стал... — Сергей Сергеевич вытянул вперед правую руку и дернул указательным пальцем незримую чашечку воображаемого револьвера.

— Ты меня считаешь способной... Улыбка Сергея Сергеевича стала еще шире, он несколько раз утвердительно кивнул головой.

— Уж не боишься ли ты за свою жизнь?

— Нет, — сказал Сергей Сергеевич.

— Потому что ты считаешь, что ты сильнее меня?

49

— Нет, потому что не стоит, ты знаешь, что я тебе не помешаю.

Разговор происходил после тенниса. Лиза несколько раз подбросила в воздух ракетку и поймала ее. Потом она подняла глаза на Сергея Сергеевича и сказала особенно тихим и вкрадчивым голосом:

— Вот в этом, Сереженька, и заключается твоя ошибка.

— Это ошибка? В каком смысле? Здесь их два.

— Во втором.

— Заблуждение, свойственное уважаемой Ольге Александровне.

— И всякой женщине, Сережа, если она чего-нибудь стоит.

— Другими словами, ты хочешь, чтобы я размахивал дубиной, отбивая тебя от других?

— Именно.

— La charmante sauvage![26]

— сказал Сергей Сергеевич. — Бедный Иммануил, бедный Иммануил!

— Почему Иммануил?

— Так звали, Лизочка, одного кенигсбергского мыслителя, который ошибочно полагал...

— Что его мудрость будет усвоена твоей любовницей? — сказала Лиза с потемневшими глазами.

— И что могла найти во мне такая женщина? — с притворной задумчивостью сказал Сергей Сергеевич.

— Слушай, Сережа, — сказала Лиза, — я ведь тебя знаю. Я знаю, что ты пропитан ложью весь до конца. Даже твои мускулы лгут.

— Физиологический феномен, который современной наукой...

— Кроме этого, ты клоун.

— И казалось бы, совершенно необъяснимо, почему, в таком случае...

— Только потому, что ты знаешь все, что нужно и что знают другие; только они думают, что ты этого не знаешь.

— Они. Но не ты.

— Нет, я знаю о тебе все, и ты бы сделал все, что я захотела бы.

— В твоем очаровании, Лизочка, есть нечто бесконечно женственное и беспомощное.

Держа в левой руке ракетку, Лиза размахнулась правой рукой — onksxsr, полусерьезно, и в ту же долю секунды мягкая

---

[26] Очаровательная дикарка! (фр.)

50

рука Сергея Сергеевича со спокойной точностью задержала ее в воздухе. Потом Сергей Сергеевич поднял руку Лизы к губам и поцеловал.

— Вот в этом весь ты, Сережа, — сказала Лиза. — Прости, что я такая колючая.

— Ничего, Лизочка, я привык.

Никогда между ними не было серьезной ссоры, но только потому, что — как это твердо знал Сергей Сергеевич — для нее не было оснований. Сдержанное бешенство Лизы изредка проявлялось чисто физически, она вступала в борьбу с Сергеем Сергеевичем и была вне себя от гнева, когда оп, прижав ее руки к телу, спокойно и медленно укладывал ее на пол, никогда не причиняя ей боли. От ее укусов оставались глубокие и болезненные следы; и однажды Сергей Сергеевич едва не упал в обморок, когда Лиза ударила его сбоку под ложечку, чего он в ту минуту совершенно не ожидал. Он покачнулся, в глазах его потемнело, он едва удержался на ногах и сквозь внезапную муть увидел радостное лицо Лизы и оскал ее зубов.

— Улыбочка с тебя-то соскочила, — сказала Лиза.

— Это потому, что я огорчился из-за тебя, — я подумал: до чего тебя могут довести разрушительные инстинкты?

Лиза иногда уезжала из дому — не так, как Ольга Александровна, а по-иному, тщательно подбирая необходимые именно для этого путешествия вещи, всегда одна, и бывала в отсутствии обычно месяц или полтора, но за это время она не давала о себе знать, и что с ней происходило, оставалось неизвестным. Затем она возвращалась — совершенно такой же, какой уезжала, настолько не изменившейся ни в чем, даже в цвете лица, что можно было подумать, будто она никуда не ездила. Иногда она не брала с собой почти ничего, это значило, что она просто на некоторое время переселялась на свою квартиру, которую ей давно снял Сергей Сергеевич и о которой, кроме них двоих, никто не знал. Однажды, в один из таких периодов, она столкнулась на улице с Ольгой Александровной, которая удивленно на нее посмотрела и потом попросила ее подтвердить, что она не грезит. — Нет, Оля, — сказала Лиза со своим всегдашним спокойствием, — нет, ты не грезишь: хочешь разгадку? — И она объяснила, что вернулась в Париж полчаса тому назад, оставила вещи на хранение и хотела кое-что купить, прежде чем вернуться домой. Она прибавила, что будет к обеду, поцеловала сестру и исчезла.

Ольга Александровна, вернувшись, сказала Сергею Сергеевичу, что встретила Лизу. — Представь себе, Сережа, она только что приехала, ну, прямо с поезда... — Потом она сказала, усевшись на ручку кресла, в котором Сергей Сергеевич читал газету:

— Ты знаешь, Сережа... ты никогда не задумывался над тем, что у Лизы может быть своя жизнь, о которой мы ничего не знаем? Я не говорю о сегодняшнем случае, здесь все ясно, это пустяки, а вообще?..

— У каждого из нас своя жизнь, Олечка. Говоря философски, конечно.

— Ну да, но разная.

— Чем ты делаешься старше, тем глубокомысленнее, Леля.

— Нет, Сережа, серьезно, — нетерпеливо сказала Ольга Александровна. — Ну, вот ты весь как стеклышко. У тебя нет ни пороков, ни увлечений, ты такой добрый, снисходительный и хороший, без единого недостатка, так что с души воротит, — но это уже другое дело. Но вот, у тебя второй жизни нет. А у нее?

— В этом смысле, Леля, она прозрачнее всех; нет, я не думаю.

— Мне кажется удивительным, — сказала Ольга Александровна, — что она не выходит, например, замуж, ведь это неестественно.

— Для одних неестественно, для других естественно.

— Машина ты, а не человек, — сказала Ольга Александровна со вздохом. — Довольно милая машина, но машина.

— Игра рефлексов, Лелечка. Ты о теории рефлексов имеешь представление?

— По правде говоря, очень смутное. Ты хочешь мне прочесть лекцию по этому поводу?

— Если это тебя интересует.

— Ну, расскажи, — сказала Ольга Александровна.

И, таким образом, разговор о Лизе превратился, действительно, в лекцию о рефлексах. Когда Сергей Сергеевич кончил, Ольга Александровна сказала:

— Какой ты мог бы быть интересный человек, Сережа.

— Не в твоем смысле, Лелечка.

— В том-то и дело, — сказала она. Лиза, действительно, пришла к обеду, после которого Ольга Александровна уехала в город и Сергей Сергеевич остался с Лизой вдвоем и не задал ей ни одного вопроса, — как он вообще поступал обычно. Он знал, однако, что у Лизы не могло не быть второй жизни, но он никогда не сделал ей на это ни одного намека и всегда внимательно, с детской доверчивостью в глазах, слушал ее рассказы о том, какая была погода в Швейцарии или волна на Ла-Манше. И хотя Лиза знала цену этой доверчивости, она все же чаще всего поддавалась ее успокаивающему действию. Так, однако, бывало не всегда, и ее иногда прорывало. И однажды, после поездки в Швейцарию, из которой она — в первый и последний раз за все время — вернулась взволнованной и злой, она говорила Сергею Сергеевичу о том, что снег в Межеве был рыхлый, что лыжи плохо скользили, что вообще все было неприятно. Он качал головой, сохраняя блаженное выражение лица.

— А я знаю, что ты думаешь, — сказала вдруг Лиза, прервав себя.

— Это так нетрудно, Лиза.

— Нет, не то, что ты думаешь, что я думаю, что ты думаешь.

— Постоянное чтение Достоевского вредит твоему стилю, Лиза.

— Нет, не это. Ты думаешь: сколько у меня было любовников? Да?

— Не взводи на себя поклепа, Лизочка, — сказал Сергей Сергеевич. — Я думаю, что тебе надо отдохнуть. Идем, моя девочка.

Он поднял ее на руки и понес, и тогда Лиза, уткнувшись головой в его грудь, вдруг заплакала и стала гладить рукой его бритую щеку.

И теперь, вспоминая все это, Сергей Сергеевич думал, что его жизнь сложилась с трагической неудачностью и что в самом главном ему не было счастья. Ольга Александровна, которую он вначале страстно любил и к которой до сих пор относился, как к испытанному другу, — он никогда не говорил с ней о разводе и всегда давал ей понять, что, что бы ни случилось, у нее есть дом, муж и сын и на это она может всегда рассчитывать одинаково и в периоды короткого чужого счастья, и в минуты разочарования и отчаяния, — эта Ольга Александровна давно ушла от него, и он не сумел ее удержать. Затем — Лиза, которую он действительно любил и над которой у него тоже не было никакой власти, в один прекрасный день и она могла уйти от него, как ушла до этого ее сестра. — А я стоял бы на пороге моего дома, который она покидает, как вечно провожающая и благожелательная тень. И вот это, что-то, — продолжал он думать, — то самое, что дано Феде Слетову и в чем мне было отказано.

Было около трех часов ночи, а Сергей Сергеевич все сидел в кресле, глядя перед собой на светлое пятно лампы, освещавшее ровный, чуть-чуть расплывчатый круг ковра. — Я не знаю, — сказал он вслух, — я не вижу ничего... — Потом он встал, сделал несколько шагов и раздраженно пробормотал: утешительного,

утешительного, — затем поднял книгу, зажав ее указательным и большим пальцами и точно собираясь с силой бросить ее в воздух, но аккуратно положил ее на столик; затем он долго смотрел на револьвер, на вороной отлив его прекрасной стали, покачал головой и лег, наконец, в кровать. Через минуту он спал.

Со времени раннего своего детства Сережа привык к тому, что слово «дома» могло значить одновременно очень разные вещи. «Дома» могло значить — Лондон, тихая улица Crove End Gardens в Hampstead'e, бобби на углу, старая церковь, каменные набережные реки Темзы во время ежедневных прогулок; «дома» могло значить — Париж, близость Булонского леса, Триумфальная арка, памятник Виктору Гюго на давно знакомой площади; «дома», наконец, могло значить — хрустящий песок под колесами Лизиного автомобиля, аллея за железными воротами и невысокий дом в неподвижном саду, непосредственно на берегу точно застывшего залива, который иногда казался синим, иногда зеленым, но, в общем, не был ни синим, ни зеленым, а был того цвета, для которого на человеческом языке не существует названия. Этот пейзаж никогда не менялся — он был всегда такой же и зимой, и летом, и осенью, и весной, — так же, как не менялись люди, жившие постоянно на вилле Сергея Сергеевича: садовник, все в той же большой плантаторской шляпе, издалека щелкавший гигантскими ножницами, русский сторож Нил, из бывших солдат, огромный старик с приплюснутой немного головой и невиданных размеров гармоникой, на которой он играл по вечерам; и каждый раз, когда кто-нибудь из семьи Сергея Сергеевича приезжал туда, из окрестностей недалекой Ниццы вызывалась кухарка, крупная черноглазая итальянка, говорившая на удивительном наречии, представляющем из себя причудливую смесь ниццкого диалекта с французским и итальянским языком, и ее сын, жуликоватый и очень веселый юноша, который мыл автомобиль, починял электричество и вообще занимался мелкими работами по дому, хотя сам себя он неизменно называл chef mécanicien[27] и все в доме тоже звали его в шутку «шеф» — так это за ним и осталось. И поставщики провизии из года в год были те же самые: по-прежнему звеня единственным колокольчиком, в котором не было решительно никакой необходимости, кроме разве любви поставщика к его нехитрой мелодии, приезжал зеленщик на крохотном автомобиле с сиротливо тоненькими и высокими колесами на

---

[27] главный механик (фр.)

54

узких шинах; но почти от самых колес начинался большой белый конус из фанеры, с нарисованными там связкой бананов ослепительно-желтого цвета, разрезанным кровавокрасным гранатом и, в известном отдалении от граната и бананов, грудой фруктов, которые были серовато-зеленого цвета, а по форме представляли из себя нечто среднее между картофелем и грушами и уж, во всяком случае, не существующее в природе, — и над всем этим неуверенными буквами зеленого цвета было написано «Fruits et primeurs de premiére qualité»,[28] с вызывающим accentaigu и на слове «premiére»; тот же булочник, с тонкими белыми руками и темным лицом, правивший своим автомобилем, отличавшимся той особенностью, что в газоотводной трубе была образовавшаяся лет пять тому назад дыра, из которой вырывался с грохотом газ; и когда автомобиль останавливался и мотор затихал, раздавался особенный и далекий звон всех его металлических частей, возвращавшихся на свои места; и издали всегда казалось, что не то летит с полок какая-то мелкая посуда, не то раздается своеобразная лебединая песнь булочного автомобиля, который, звеня, рассыпается; и самое чудесное было то, что автомобиль все-таки оставался цел. По-прежнему приходил молочник и вообще бутылочник, маленький человек, неправдоподобно смешной; он был всегда без шапки, со спутанными черными волосами, на правом глазу его было бельмо, передних зубов не хватало, на нем были всегда непомерно большой пиджак, спадавшие брюки и громадные ботинки, чаще всего без шнурков, с поднятыми вверх носками. Он сюсюкал, разговаривая, размахивал слабыми руками, за которыми взлетали широчайшие рукава его пиджака, и единственное, что он любил в своей жизни, были бутылки разного вида и размера, которые он все знал и помнил. Он был женат на красивой, здоровой женщине, которая его презирала, так же, впрочем, как и все остальные, и chef mйcanicien говорил про него, что, когда он проходит под телефонной проволокой, он должен нагибаться, чтобы не зацепить ее рогами — «tellement elles sont grandes, vous ne pouvez pas le croire».[29]

И у него был единственный друг и защитник — старик-сторож с гармоникой; они иногда гуляли по вечерам вместе, оживленно разговаривали, и маленький молочник бежал рядом со стариком, сюсюкая, размахивая руками и подтягивая спадающие брюки. Он очень любил гармонику и говорил,

---

[28] «Фрукты и ранние овощи высшего качества» (фр.)
[29] «они так велики, что вы представить этого не можете» (фр.)

55

слушая ее: on dirait de grandes bouteilles, que font du bruit mélodique.[30] По-прежнему приезжал мясник, здоровенный мужчина в очень чистой полосатой блузе, на совершенно нормальном автомобиле; мясник из года в год полнел и наливался, и «шеф» предсказывал ему, что он умрет от апоплексического удара. Но мясник покуда что не умирал.

Сереже казалось удивительным, что в жизни этих людей не происходило никаких изменений; они никуда не ездили, ничего не читали и за все время видели, наверное, меньше, чем он за несколько месяцев. Он чувствовал особенную симпатию и жалость к маленькому молочнику и всегда разговаривал с ним, когда встречал его; но молочник стеснялся, отвечал односложно и все время искательно улыбался, открывая свой беззубый рот. Зато стариксторож разговаривал охотно, рассказывал о германской войне и плел совершенные небылицы, в которые сам искренне верил: что его пуля не берет, вот за всю войну ранен не был, только один раз контужен, — ну, контужен, это ведь не считается; что на Украине ведьмы коров доят; что служил он в артиллерии и всего насмотрелся, и при госпиталях две недели работал, видел, как доктора людей режут, а одному солдату, по его словам, сделали ампутацию черепа, и ничего, выжил: здоровый был мужик, вроде него. Лизу старик называл «барышня», Сергея Сергеевича «барин» и только Сереже говорил «ты» и звал его по имени, потому что помнил его совсем маленьким. Говорил он по-русски, но часто сбивался на украинский язык, и однажды, когда Сережа, которому было в те времена девять лет, принес ему большую плитку шоколада, он поблагодарил его, сказав, что Сережа хорошо сделал, и прибавил, что теперь ему только и осталось, что есть сладкое. — Бабы уже не треба, танцювати не можно, — со вздохом пояснил он. Но это было особенным кокетством, потому что старик был на редкость силен и здоров, и белые, крепкие зубы его блестели под седыми усами, когда он улыбался. К Средиземному морю он относился пренебрежительно; и говорил с сожалением, что страна вообще ничего, но с Полтавской губернией, по его словам, она не выдерживала никакого сравнения, и климат был здесь нездоровый, — это он говорил на том основании, что своего тулупа, вывезенного из России, он ни разу не надевал, так что тот просто увял, как он выразился. Он рассказывал Сереже про Полтаву, про Ворсклу, которая блестит на солнце летом, а зимой замерзает так, что можно на санях ездить, про густую,

---

[30] как будто мелодично звенят большие бутылки (фр.)

живую зелень лиственных деревьев; но потом он увлекался и говорил о вещах вовсе невероятных, — как медведи чуть ли не ежедневно заходили на хутора, как он, старик, убил волка камнем, какая у него была замечательная лошадь, которая ела все и которой он однажды скормил несколько фунтов сала. Народ там, по его словам, был такой же, что и здесь, только на другом языке говорили и были гораздо умнее, и бабы, по его мнению, были в среднем несколько толще, чем здешние.

Сережа знал всех жителей крохотного городка, вблизи которого находилась вилла Сергея Сергеевича, всех лавочников, рестораторов, всех итальянских садовников, всех случайных людей, попавших сюда неизвестно почему и оставшихся здесь жить, — вроде старого сердитого англичанина, не выносившего ничьего общества и с самим собой игравшего в теннис, или рыжего художника с веснушками, по фамилии Егоркин. Егоркин много лет подряд рисовал все одни и те же картины, изображающие неправдоподобно раскрашенных баб, ехавших на лихой тройке по взрыхленному снегу; та, которая правила, держала поднятый кнут в застывшей руке, и самое удивительное было то, что все они были очень легко одеты, с открытой шеей и почти обнаженными плечами, так что Сергей Сергеевич, увидав такую картину в первый раз, спросил художника, не в оттепель ли сделана зарисовка. Сергей Сергеевич всегда покупал произведения этого художника и неизменно дарил их Слетову, который в свою очередь отдавал их своим интернациональным подругам; и следовало предположить, что теперь эти картины висели на стенах разных квартир в самых разных странах — в штате Вирджиния, в Канаде и Калифорнии, в Сиднее и Калькутте, в Персии, Турции и Афганистане и, уж конечно, во всех столицах Европы. Одно время художник, который, как и большинство художников, был простым человеком и кончил в свое время в России училище, которое он перевел на французский язык чрезвычайно произвольно «école supérieure»,[31] хотя это было обыкновенное трехклассное училище в Тамбове, — решил увлечься сюрреализмом, увидев в Ницце в Palais de la Méditérranée[32] выставку какого-то современного художника, и к обычной тройке, мчащейся по снегу, стал пририсовывать, правда, сбоку, на втором плане, а иногда и в отдаленной перспективе, пальмы и море густейшей синевы, сквозь которую можно было разглядеть какие-то

[31] «высшая школа» (фр.)
[32] Средиземноморский дворец

хвостатые чудовища с рыбьими плавниками. Но Сергей Сергеевич решительно восстал против этого, и у него с художником был длинный разговор, во время которого Сергей Сергеевич уговаривал Егоркина сохранять во что бы то ни стало национальную самобытность в творчестве и не поддаваться влиянию французской живописи, — современные тенденции которой, не правда ли, — сказал Сергей Сергеевич, — нам представляются спорными. — Сергей Сергеевич особенно настаивал на том, что Егоркин по призванию, помимо всего и прежде всего, анималист, а не маринист, с чем Егоркин после некоторого раздумья согласился. Сереже Егоркин, когда Сережа был маленьким, приносил дешевые конфеты, которые мальчик брал из вежливости, пучки мимозы, показывал ему фокусы и сам искренне вместе с Сережей смеялся над ними. Сереже всегда было немного жаль этого плохо одетого и очень бедного человека, и то же чувство сожаления испытывала к нему Ольга Александровна, и только Лиза никогда с ним не разговаривала, и когда она случайно смотрела на него, казалось, что она глядит на пустое место. И Сергей Сергеевич как-то сказал ей: — Егоркин, Лизочка, сфинкс. Да, да, сфинкс. Ведь совершенно непонятно, что человек может посвятить всю свою жизнь такой явной ерунде, как его картины. Презирать его легко, стало быть, не надо. Ты не думаешь?

Ворота виллы выходили на довольно узкую дорогу, шедшую прямо над морем, которое блестело тут же, тремя метрами ниже. На верху тропинки, которая вела вниз, росло высокое дерево; внизу была маленькая, вымощенная каменными плитами бухта, одна сторона которой образовывала небольшую дамбу, с которой можно было прыгать в воду. В бухте стояла моторная лодка темно-коричневого цвета, рядом с ней покачивалась обыкновенная, двухвесельная, на которой иногда «шеф» выезжал ловить рыбу в особенных, ему одному известных местах; но особенность их существовала только в его воображении, так как рыбы там не было так же, как повсюду; вернее, ее было так мало, что об этом не стоило говорить.

Был июль месяц, тяжелый и знойный, когда Лиза и Сережа приехали на юг. «Шеф» ждал их возле ниццкого вокзала. Было около пяти часов вечера; все сверкало от солнца; с моря дул легкий ветер. У Сережи слегка ныло тело от длительного мускульного напряжения, чуть шумело в голове. То смутное и нехорошее чувство к Лизе, которое началось в памятный вечер, когда он впервые заметил ее обнаженные плечи в бальном платье, овладело им окончательно, и он уже не мог оторваться от него. Оно мучило его всю дорогу, он почти не спал ночью, чувствуя недалеко от себя, в синеватой вздрагивающей темноте Лизино постоянное тревожное присутствие. И теперь, несмотря на зной, ему было холодно и не по себе.

— Знаешь, Лиза, — сказал он, когда они выехали с вокзала, — я почти не спал ночью, наверное, болен, что ли. Мне нехорошо.

Она посмотрела на него понимающими и сожалеющими глазами, но то, что она сказала, не имело никакого отношения к ее взгляду:

— Возможно, что ты, действительно, простудился.

— Несомненно, Лиза.

— Это было бы неожиданно, — сказала она, отвечая на свою собственную мысль, которая была, однако, не о простуде Сережи. — Вот приедем, — сказала она, — полечимся.

— Солнцем? — спросил Сережа и улыбнулся. Когда они приехали, итальянка накормила его бульоном, и после этого он сразу заснул, погрузившись в мягкую тишину, в самой далекой глубине которой — он успел это понять, засыпая, — его ждало то же притихшее, но попрежнему тревожное предчувствие.

Когда он проснулся, ранним утром, от смутного его состояния всех последних дней не осталось следа. Он прислушался: внизу Нил разговаривал с итальянкой на своем удивительном французском языке с украинским акцентом — в котором глаголы имели во всех случаях только одну форму, неопределенное наклонение, — о том, как печально, что в море мало рыбы и что большую рыбу в Ниццу привозят с океана. — Зачем же тогда море, когда рыбы в нем нет? — говорил Нил. — А может, вы тут ее ловить не умеете? Ву па савуар атрапе гро пуасон, ву савуар атрапе пети пуасон?[33] — Onsaurait bien l'avoir, — отвечала итальянка, — s'il y en avait la dedans.[34] — Сережа оделся, умылся и, съехав по старой привычке по перилам внутренней лестницы, которая вела во второй этаж, где была его комната, вышел во двор. — Bonjour, monsieur Serge, — сказала итальянка. — Dieu que vous étes devenu grand maintenant![35] — Ты что ж так рано? — спросил Нил, обняв плечи Сережи своей громадной рукой. — Куда ты собрался?

Сереже стало очень приятно, что Нил и итальянка так радушны с ним и так очевидно его любят. Он поздоровался за

---

[33] Вы не уметь ловить большую рыбу, вы уметь ловить маленькую рыбу? (фр.)

[34] Мы бы умели... если бы она была (фр.)

[35] Здравствуйте, месье Серж... Господи, как вы выросли! (фр.)

руку с итальянкой, спросил ее, не болела ли она в последнее время и здесь ли «шеф». Итальянка сказала, что она пока что здорова и что «шеф» моет автомобиль в гараже. Сережа пошел туда, — гараж, впрочем, был рядом, и оттуда слышался звук напористой струи, разбивавшейся об автомобиль, — странно менявшийся, когда струя попадала под крылья машины. — Здравствуй, «шеф», — сказал Сережа, — я бы хотел поехать в море, лодка у тебя действует? — У меня? — сказал «шеф» с изумлением. — Конечно, действует. Она не может не действовать, раз я за ней смотрю.

Лодка эта была сделана по заказу Сергея Сергеевича и, как все, что он заказывал или покупал, за исключением, пожалуй, картин Егоркина, была очень хороша. «Шеф» бросил недомытый автомобиль, переоделся с быстротой трансформатора, и через минуту они вдвоем уже сидели в лодке, которая шла по гладкой воде залива, поднимая две белых полупрозрачных стены пены; затем, обогнув мыс, они вышли в открытое море, где уже начиналась некрупная, упругая волна. Утро было насквозь прозрачное и далекое, в светлой увядающей синеве виднелись уходящие очертания противоположного берега.

Они оба молчали, Сережа сидел, откинувшись, то закрывая, то открывая глаза. Потом «шеф» сказал своим непринужденным тоном:

— Et bien, comment a va a Paris?[36]

Сережа не мог не засмеяться. В представлении «шефа» Париж был хотя и большим городом, но, в сущности, каким-то однородным понятием, и достаточно было жить в Париже, чтобы определить безошибочно, как в нем вообще идут дела. В ответ на объяснения Сережи «шеф» покачал головой и потом стал рассказывать события своей собственной жизни, говорил, что у него есть невеста с приданым, но что мать не позволяет ему жениться, так как он слишком молод; рассказывал о каком-то Жанно, который, по его словам, был совершенно непобедим в игре — безразлично какой, и в шары, и на бильярде, и даже в карты, что он, «шеф», подозревает, что Жанно передергивает. Потом он стал рассказывать про одинокого англичанина, которого он как-то наблюдал, когда тот сидел у себя в саду и с кем-то разговаривал, причем сердился и кричал, — а в саду, кроме него, никого не было; «шеф» ничего не понял, потому что тот говорил по-английски, но был убежден, что старик сошел с ума от пьянства, хотя никто его пьяным не видал. —

---

[36] Ну, как там в Париже? (фр.)

Это ничего не значит, — сказал «шеф», — стало быть, он раньше пил, а теперь, когда сошел с ума, пить перестал.

Когда Сережа вернулся, Лиза уже пила кофе. Он спросил ее, как она спала, она ответила, что прекрасно; в тоне, каким она говорила, Сережа уловил, как ему казалось, какое-то очень незначительное, но несомненное отчуждение. У Лизы это вышло невольно, она сама заметила это лишь через несколько минут; но она знала причину этого, а Сережа не понимал. Впрочем, через полчаса они вдвоем отправились купаться и вернулись домой только тогда, когда плечи их уже начали болеть от быстрого южного ожога. После завтрака Лиза ушла к себе читать, а Сережа с «шефом» поехали в Канны смотреть на гонки моторных лодок и вернулись домой только к обеду.

Был уже глубокий вечер, когда Сережа и Лиза вышли вдвоем; они шагали по безлюдной дороге, освещенной яркой луной. Было очень тихо. Они шли молча; на море неподвижно и бледно сверкала узкая полоса лунного света, вздрагивая на темнеющей ряби воды, твердый песок тихо и мерно скрипел под ногами; по черной дороге, от которой их отделяли сплошные сады вилл, проносился время от времени шум автомобильных шин, напоминавший по звуку удаляющийся шепот.

— Знаешь, Лиза, — сказал Сережа, — это похоже на немую музыку, если бы она существовала: я не умею сказать, ты понимаешь?

Она ничего не ответила. Рука ее по-прежнему лежала на его плече. Ему очень хотелось обнять Лизу правой рукой, туго налившейся кровью и неподвижно висевшей вдоль тела, но он не посмел это сделать. Все, чего не было утром и что продолжалось уже много времени, до отъезда на юг и затем в поезде, — снова вернулось к нему с еще большей силой. Он видел перед собой дорогу, пальмы, ворота, море, неподвижно и словно насмешливо стоявшие на своих обычных местах, но все было не похоже на то, как он видел их всегда. Лиза шла, прикасаясь к нему боком, он чувствовал мерные движения ее тела и закрывал глаза; и тогда все переставало существовать, кроме этого равномерного и невыразимого ритма ее движений, под которым далеко внизу скрипел невидимый песок, и звук его с волшебной точностью повторял эти колебания ее тела.

— Лиза! — хотел сказать Сережа, но не мог. Тогда ее рука медленно сдвинулась с Сережиного плеча и обняла его шею: ее лицо с блестящими глазами приблизилось к лицу Сережи; в неверном свете луны Сережа видел ее рот с раскрытыми губами. Все мускулы его тела были напряжены, он чувствовал

61

уже как бы далекое прикосновение ее губ, и вдруг сразу ему стало нечем дышать от ее длительного и безжалостного поцелуя. Лиза почувствовала, как тело его вдруг обмякло в ее руках, она пошатнулась, поддерживая его. Он потерял сознание. Ей делалось трудно его держать, он становился тяжелым; тогда она, нагнувшись, взяла его левой рукой под колени и подняла так, как поднимала давно, много лет тому назад, когда он был маленьким мальчиком, а она была такой же, как сейчас. Она пронесла его несколько шагов. Наконец глаза его открылись, он пробормотал: — Лиза, Лиза, что ты? — и быстро соскользнул на землю. Ему было стыдно смотреть ей в лицо.

— Мой бедный мальчик! — сказала она. — Домой, Сережа, надо идти домой.

Они вернулись к дому, у ворот на табурете сидел Нил. — Воздух с моря хороший, — сказал он Лизе, — прямо, барышня, даже приятно. А ты, Сережа, от луны совсем бледный стал, как невеста все равно под фатою.

Сережа ушел к себе, Лиза осталась одна. Она разделась, надела на голое тело свой любимый халат, по синему шелку которого летели вышитые птицы, и села в лонгшез. Она не могла успокоиться. После ледяного оранжада, который она выпила, ей все еще хотелось пить. Прикосновение халата раздражало ее набухшие соски, она распахнула его и вышла на веранду. В вечерней прозрачной тишине откуда-то очень издалека доносилась невнятная мелодия рояля. Воздух был теплый и неподвижный; снизу, с темной клумбы цветов, поднимался их особенный ночной запах. Лиза ни о чем не думала в эти минуты. Не запахивая халата, она подошла к лестнице, ведшей во второй этаж, остановилась на секунду и потом быстрыми шагами, почти бегом, стала подниматься наверх.

Париж был почти пуст в эти летние месяцы. Людмила, прожив несколько недель одна в своей идеально чистой и тоже опустевшей после отъезда Аркадия Александровича квартире, отдохнув от постоянного пребывания настороже, от постоянной разнообразной лжи, из которой состояли ее обычная жизнь и ее отношения с людьми, сыграв на рояле все свои многочисленные тетради нот, собиралась уезжать на океанское побережье, приобрела все, что для этого было необходимо, и почти готовилась уехать на вокзал, как вдруг неожиданное происшествие совершенно изменило все ее планы. Происшествие это заключалось в том, что она встретила, выходя из большого магазина на Boulevard de la Madeleine, свою старую знакомую, итальянку, которой в свое время принадлежал небольшой пансион в Швейцарии, где Людмила останавливалась несколько раз. Итальянка была замечательна тем, что лет пятнадцать тому назад и в течение очень короткого времени была любовницей одного из европейских королей, — и с тех пор жила воспоминаниями об этом; но, помимо воспоминаний, король, расставаясь с ней, дал ей некоторую, незначительную для государственного, но значительную для частного бюджета, сумму денег, на которую она существовала все эти годы. Квартира ее была увешана портретами короля в самых разнообразных позах — в теннисном костюме на корте, в кресле с книгой, на собственной яхте, в капитанском картузе, верхом на вороной лошади, верхом на белой лошади, верхом на гнедой лошади. После этого решительного в жизни итальянки периода, — до которого ее биография отличалась крайней туманностью, — она путешествовала по Европе; но так же, как ее немыслимо было себе представить вне ее блистательного прошлого, в такой же степени постоянным и неизбежным обстоятельством ее теперешней жизни было то, что ей принадлежал небольшой пансион; в его ведении ей обычно помогал один из ее многочисленных кузенов, которые менялись примерно каждые полтора года и количество которых на ее родине казалось неисчерпаемым. В ее пансионе обычно останавливались ее личные знакомые, на сравнительно короткий срок, ценившие ее скромность: несмотря на необыкновенную болтливость, итальянка не говорила того, чего не следовало говорить.

Она чрезвычайно обрадовалась Людмиле, которую не видела года два, сказала, что она уже много месяцев в Париже, и пригласила ее пить чай. Войдя в переднюю, Людмила увидела неизвестный ей, недавнего, по-видимому, происхождения, портрет короля в новой фотографической интерпретации: портрет почти походил на икону; лицо короля, подвергшееся, по-видимому, тщательной ретуши, было величественно и скорбно той особенной, условной скорбью и условной величественностью, которые характерны для олеографий. Заметив взгляд Людмилы, итальянка сказала, что его величество — она всегда выражалась так, говоря о короле, — недавно прислал ей этот портрет. Это была, очевидно, неправда, во-первых, потому что на портрете не было надписи. Во-вторых, король, хотя и был не очень культурным человеком, был все же лишен того идеально дурного вкуса, который у него следовало бы предположить в том случае, если бы он действительно послал ей этот портрет. — Какое печальное лицо, — сказала Людмила нарочито рассеянным голосом, рассчитанным на то, чтобы итальянка приняла ее высказывание не за сочувствие ей, а за настоящее ее впечатление, — можно подумать, что он задумался над чем-то или жалеет о чем-то невозможном. — Да, у меня такое же впечатление, — сказала итальянка; и она, и Людмила одновременно испытали чувство удовлетворения — Людмила оттого, что итальянка ее поняла именно так, как было нужно, итальянка потому, что имела дело с умной и чуткой женщиной. Итальянка, впрочем, вообще очень ценила Людмилу и знала о ней гораздо больше, чем это было можно подумать. До того еще, как горничная подала чай, итальянка предупредила Людмилу, что к чаю будет один господин, очень милый, но очень несчастный англичанин, к сожалению, плохо говорящий по-французски и совсем не говорящий по-итальянски; в пансион он попал совершенно случайно, — она улыбнулась откровенной улыбкой, обнажив все свои зубы, что всегда производило чуть-чуть странное впечатление, потому что за исключением четырех передних зубов верхней и стольких же нижней челюсти все остальные чередовались в идеально правильной, нигде не нарушенной пропорции: золотой, белый, золотой, белый — и так до конца. Англичанин этот, насколько его поняла итальянка, еще молодой человек, — по мере того, как шли годы, итальянка бессознательно и великодушно отодвигала все дальше ту цифру, после которой человек переставал быть молодым: сначала это было тридцать лет, потом тридцать пять, потом сорок, теперь сорок пять и даже больше; после пятидесяти начинало входить в силу неопределенное выражение «еще не старый человек»; около пятидесяти четырех говорилось — еще, в сущности, не старый человек; и около пятидесяти восьми — еще, в конце концов, не старый человек. Итак, этот англичанин недавно потерял жену и остался совершенно один на свете; по словам итальянки, он был очень, очень мил. Людмила сразу насторожилась, и, хотя никаких планов еще не было в ее голове, она уже сделала над собой то привычное и бессознательное усилие, которое обычно предшествовало всякому ее начинанию. Лицо ее, вообще говоря, несмотря на кажущуюся неподвижность, обладало редкой выразительностью; и, ожидая прихода англичанина, она постепенно придавала ему тот характер, который приличествовал обстоятельствам, именно — чуть-чуть усталое выражение, далекие глаза, небрежная, точно забытая в воздухе, рука с папиросой в тонких и длинных, слегка дрожащих пальцах. Англичанин, наконец, явился; это был крупный человек с совершенно седой головой, с простодушным, красноватым лицом, тип джентльмена-фермера с большим уклоном к джентльмену, как подумала Людмила. Он поздоровался с итальянкой, пожал холодную руку Людмилы и сказал медленную и совершенно непонятную фразу по-французски. — Вы меня извините, — сказала Людмила итальянке; англичанин с напряженным лицом слушал, стараясь понять ее слова, — вы меня извините, Джулия, мне очень хотелось бы знать, что думал только что т-г, я спрошу его об этом на его языке. — Англичанин выжидательно смотрел на Людмилу. Итальянка, улыбаясь, кивнула головой, и тогда Людмила, помолчав секунду и потушив в пепельнице папиросу, сказала, обращаясь к англичанину таким тоном, точно она продолжала случайно прерванный разговор:

— Sorry, I must confess I didn't understand what you just said.[37]

Англичанин обрадовался, с лица его сошло напряженное выражение. Он очень рад — very, very glad,[38] сказал он, что Майате, слава Богу, говорит по-английски; Майате француженка? — Нет, русская. — Русская! — сказал англичанин с восторгом. — Вы приехали из России? Это замечательная страна. — Людмила ответила, со своей усталой улыбкой, что она тоже любит эту страну; но, к сожалению, лишена возможности туда вернуться. Этот разговор с различными иностранцами о России был давно разработан Людмилой в мельчайших подробностях, менявшихся в зависимости от того, кто был ее собеседником — француз или голландец, немец или англичанин. Англичанам она обычно говорила, что в русском характере есть какие-то положительные начала, весьма близкие тем, в сущности, которые создали огромное и бесспорное континентальное могущество ее родины. И хотя, к сожалению, Россию преследовала судьба, adversity,[39] но она, Людмила, не теряет надежды, что когда-нибудь — и, несомненно, это будет — Россия займет надлежащее место в мире; и что ей, Людмиле, хотелось бы дожить до этого и потом спокойно умереть. В этом месте она делала горловое усилие, голос ее тихонько дрожал, и это должно было значить, что, несмотря на свою сдержанность, она горячо любит свою родину

---

[37] Простите, должна признаться, я не поняла, что вы только что сказали (анг.).
[38] очень, очень рад (анг.)
[39] напасти (англ.)

и страдает вместе с ней и что, кроме того, ей вообще живется несладко. Людмила с удовольствием заметила, что сопротивляемость англичанина была ничтожна, он слушал ее только что не с открытым ртом, и было очевидно, что ни малейшего сомнения ее слова возбудить в нем не могли. Разговор продолжался еще с полчаса, затем Людмила поднялась и попрощалась с итальянкой, которая за все время разговора ничего не поняла и сидела с неизменной улыбкой, настолько неподвижной и ни на секунду, кажется, не дрогнувшей, что у англичанина от невольного сочувствия начали чуть-чуть побаливать челюсти и он несколько раз прижимал себе кулаком подбородок. Он сказал, что тоже хотел идти, — и они вышли вдвоем с Людмилой. Маленькая улица Debordй-Valmore, где находился пансион Джулии, была вся освещена июльским солнцем; пятнистые тени деревьев почти незаметно дрожали на тротуарах, когда поднимался, временами, знойный ветер. Англичанин сказал Людмиле, что он совсем не знает Парижа и его единственный шанс попасть домой — это карточка пансиона с адресом, которую он дает шоферу такси. Людмила навела его на разговор об Англии, и, когда выяснилось, что он редко сравнительно живет в своем лондонском доме и предпочитает небольшое имение в Шотландии, Людмила от волнения едва не подавилась слюной; во всяком случае, она прижала руку к груди и закашлялась, и когда англичанин забеспокоился, она сказала ему с кроткой и неизменно печальной улыбкой, что никогда не могла похвастаться здоровьем. Она выяснила в том же — предопределившем все дальнейшее — разговоре, что он одно время ошибочно считал, будто американские машины лучше английских, но что это неверно и что, в конце концов, он решил не изменять своему старому «рольсу». Людмиле нужно было большое усилие, чтобы продолжать свою меланхолическую линию поведения. Ее обрадовало не очевидное богатство англичанина, но та несомненная легкость овладения им, которая — в таких идеальных условиях — представлялась ей впервые в жизни. И с этой минуты ей стало ясно, что англичанина ни в коем случае нельзя упустить, абсолютно невозможно упустить, потому что даже кратковременная и случайная разлука с ним могла все изменить, потому что, очутившись вне влияния Людмилы, он подпадал или мог подпасть под влияние факторов, которых она не могла предвидеть и против которых была почти бессильна. Она решила не отпускать его, и план ее был готов моментально: сейчас она скажет, что ей хотелось бы подышать чистым воздухом, — у нее все-таки слабые легкие, — он спросит, куда здесь можно поехать, и они отправятся в Версаль; там, в парке, ей станет дурно, она попросит отвезти ее домой. Дома она почувствует себя лучше, они поедут ужинать в Tour d'Argent, а оттуда либо в Bal Tabarin, либо в Casino de Paris. Даже тот факт, что в данный момент у Людмилы был первый день ее ежемесячного нездоровья, ничему не мешал и был почти кстати, так как в ее планы не входило — принимая во внимание, что она имела дело с пожилым англичанином, — принадлежать ему сегодня вечером или завтра, это могло случиться лишь в конце недели, и так было даже лучше. Она тотчас же приступила к выполнению своего плана. Выйдя на rue de la Tour, они дошли до avenue Henri Martin. Разговор был академический: об Англии, о России, о Франции. — Как жарко! — сказала Людмида. — Вот несчастье больших городов. — Yes, yes,[40] — сказал англичанин. У него не было никакой инициативы; и тогда Людмила заговорила о Булонском лесе, о парке St. Cloud, о Ville d'Avray, которые она очень любила, по ее словам. — Где все это? — спросил англичанин. Она объяснила ему, и тогда он предложил поехать туда. Людмила отказалась. Пройдя несколько шагов, он сказал, что все-таки поехать в лес было бы недурно. Людмила согласилась. Они остановили такси: Людмила объяснила шоферу, который оказался печальным мужчиной с седыми усами, по акценту которого было сразу слышно, что он русский, но Людмила избегала русского языка в разговорах с шоферами, боясь фамильярности с их стороны, и старалась говорить по-французски с английским акцентом, — она объяснила ему, что нужно сначала объехать озера в Булонском лесу и потом ехать в Версаль через St. Cloud и Ville d'Avray, — и они поехали. По дороге Людмила вскользь говорила необходимые вещи о своей собственной жизни, находящиеся как раз посередине между английской классической сдержанностью в таких случаях и русской непосредственностью, национальный характер которой она не замедлила комментировать англичанину, сопроводив это некоторыми суждениями общего порядка, — с тем чтобы у ее собеседника не могло возникнуть никаких сомнений в полной корректности и порядочности всего решительно, что хоть как-то касалось Людмилы.

Людмила принимала все эти меры предосторожности отчасти на всякий случай, отчасти в силу привычки быть всегда настороже; но она прекрасно понимала, что в данном случае

---

[40] Да, да (анг.)

она могла бы держаться менее осторожно — с таким собеседником она ничем не рисковала. Но подобно тому, как она с исключительной аккуратностью выполняла все свои денежные обязательства и следовала здесь неизменным, раз навсегда установленным принципам, так в отношениях с поклонниками она всегда заботилась о малейших деталях своего поведения, точно речь шла о пьесе, которую нужно разыграть. И ее постоянное, сдержанное раздражение в значительной степени объяснялось тем, что, имея дело с живыми людьми, а не театральными персонажами, она неоднократно — из-за какого-нибудь незначительного и невольного нарушения замысла — должна была, так сказать, переделывать текст в соответствии с изменившимися обстоятельствами. Вообще же говоря, для Людмилы было характерно своеобразно-добросовестное отношение ко всему, что она делала: она держала свое слово, всегда приходила на свидания с опозданием ровно в десять минут, и на нее, вообще, можно было положиться. Во всех ее сентиментальных и коммерческих начинаниях главная роль принадлежала именно ей, а не ее партнеру. В разговоре с англичанином она отдыхала душой — все шло настолько идеально, что она готова была себя спросить: не сон ли это? Когда ей стало дурно в Версале, она зашаталась, но удержалась на ногах, сквозь почти закрытые глаза с тревогой заметила, что медлительный англичанин не сообразил, в чем дело; это, впрочем, продолжалось одну секунду, после чего он подставил руку под ее спину, и тогда она, несколько оттолкнувшись, резко упала прямо на эту руку и спиной почувствовала мгновенно напрягшиеся мускулы на ней — исключительной твердости и гибкости. Это было очень приятное ощущение; в числе немногих искренних чувств Людмилы одно из главных мест занимала любовь к атлетическому мужскому телу. — Excuse me, I am not quite well,[41] — тихо сказала она, открывая глаза и слабо улыбаясь. Когда шофер чуть-чуть ускорил ход — после того как Людмила была доведена до автомобиля и они поехали в Париж, — англичанин нетерпеливо крикнул: — Slowly, slowly[42] — и Людмила тотчас перевела это своим по-прежнему слабым голосом: — Allez doucement, chauffeur.[43]

Квартира ее очень понравилась англичанину, но особенно он обрадовался, увидев рояль, — в довершение всего он

---

[41] Извините, мне нехорошо (анг.)
[42] Медленно, медленно (анг.)
[43] — Поезжайте потише, шофер (фр)

оказался любителем музыки. Такой ослепительной удачи Людмила не могла ожидать, слезы радости стояли в ее глазах, она была настолько счастлива, что у нее даже вырвалось: oh, darling,[44] — чему следовало вырваться — непосредственно и неожиданно — только на третий день, к вечеру, примерно к шести часам, после разговора о том, что англичанин был бы счастлив сделать для нее все, что в его силах. Впервые за много лет нарушение программы произошло по вине Людмилы. Разговор продолжался, перейдя уже к тому тону мгновенного понимания, который обычно предшествовал почти решительной фазе знакомства; Людмила поняла, что ей нужно было «переключиться» на coup de foudre,[45] как она подумала, — иначе она рисковала оказаться не на высоте положения. Она между тем лихорадочно перебирала свои музыкальные познания в той области, которая должна была бы особенно интересовать собеседника, и решила, что после «Old man's river» и «Charly is my darling» она сыграет англичанину Шопена, лирическое действие которого она очень ценила; но это следовало отложить на завтра. Сегодня она не будет играть, сославшись на слабость.

В дальнейшей программе Людмилы никаких отступлений от намеченного не произошло. Они пообедали в Tour d'Argent, потом были в Bal Tabarin, затем Людмила пила шоколад у Weber'a, и, наконец, уже в третьем часу ночи англичанин отвез ее домой; и по дороге, в такси, два раза поцеловал ей руку, которую она не отняла; она неподвижно сидела, откинувшись назад, и ей хотелось броситься ему на шею. При расставании произошел довольно продолжительный, почти десятиминутный разговор; англичанин просил разрешения увидеться с Людмилой завтра же, она уверяла, что невозможно, и, наконец, согласилась, условились, что он сначала позвонит ей по телефону. Людмила прошла по передней, танцуя и напевая с закрытым ртом, как если бы ей вдруг сделалось двадцать лет; потом она разделась, легла в кровать, с наслаждением вытянулась, и, когда посмотрела в зеркало, она увидела в нем свои синие глаза, в которых вместо обычной печали была совершенно явная веселость.

Подготовительный период к тому моменту, после которого у англичанина — его фамилия была Macfarlane — не должно было оставаться никаких сомнений в том, что Людмила и только Людмила могла и должна была стать его женой и что

---

[44] О, дорогой (анг.).
[45] любовь с первого взгляда

теперь он не видит, как можно поступить иначе, — все эти подробности Людмила долго и со вкусом обдумывала после очень плотного обеда, отдыхая у себя, — продолжался пять дней, ровно столько, сколько нездоровье Людмилы. М` шестой день утром она приняла ванну и стала готовить все к вечернему визиту Макфалена; в этот день он должен был ужинать у нее, потому что иначе это создало бы ряд технических препятствий, всегда особенно досадных и вредно отзывавшихся на непосредственности и неожиданности того, что произошло — Бог знает, как и почему. Макфален явился за полчаса до назначенного времени, был корректен и мил, как всегда, но глаза у него были сумасшедшие, именно такие, как нужно. После обеда с длинными и намеренными паузами в разговоре, прерывавшимися нарочито тревожным смехом Людмилы, она, не зажигая огня — на дворе наступали быстрые сумерки, — подошла к роялю, и Макфален приблизился к ней. Когда он, наконец, обнял ее, ее пальцы еще остались на клавишах, и получился — в последнюю секунду — длительный и смешанный, медленно умиравший звук трех различных нот; мускулы на закинутой шее Людмилы напряглись во время этого первого и неожиданного поцелуя.

Все остальное случилось именно так, как это представляла себе Людмила; безошибочное знание отношений между мужчиной и женщиной, достигнутое длительным опытом, не могло обмануть ее и на этот раз. Она знала, что от впечатлений первого вечера ее близости с Макфаленом зависело все ее будущее, и она не пожалела никаких усилий для того, чтобы это будущее себе обеспечить. Поздно ночью, после того как Макфален несколько раз потребовал у нее категорического согласия стать его женой, — она гладила в ответ его круглую голову с жесткими седыми волосами, — она, слабо улыбаясь, ответила, наконец, что очень устала и предпочитает отложить разговор до завтра. Макфален ушел, совершенно одуревший и донельзя счастливый. На следующее утро Людмилу разбудил телефонный звонок. Не совсем еще проснувшись, она сказала своим резким голосом: — Allo! — но когда услышала, что говорил Макфален, сон слетел с нее мгновенно, и голос ее вновь приобрел ту слабую прелесть, которая была необходима в ее разговоре с англичанином.

— Боже мой, я еще сплю, — сказала она, растягивая слова, что, вообще говоря, было для нее совершенно нехарактерно, но что получалось само собой в разговоре с Макфаленом. Он явился к завтраку, после которого произошло обсуждение их совместного будущего. До сих пор Людмила только раз

70

вскользь сказала, что она замужем за человеком, с которым не имеет ничего общего, Теперь этот вопрос предстояло осветить подробнее. Аркадий Александрович в описании Людмилы всегда имел строго определенный тип, как злодей в классической мелодраме: деспот, тиран, болезненно ревнивый человек и — в самых катастрофических случаях — пьяница, во всем облике которого не было ни одной положительной черты. Людмилу он даже не любил, в сущности, а относился к ней так, как если бы она была его собственностью. Но теперь, впервые за все время, Людмила несколько изменила это: Макфалену было бы трудно понять, — если бы Людмила настаивала на своей постоянной версии, — что ее удерживает возле этого человека. Поэтому, хотя Аркадий Александрович и был описан Людмилой в мрачных тонах, но сопровожден несколькими более снисходительными комментариями, которые имели в виду подчеркнуть не столько его хоть одно достоинство, сколько душевную мягкость самой Людмилы. Другими словами, Аркадий Александрович остался, в сущности, и деспотом, и даже тираном, если угодно, но, в конце концов, слабым человеком, которого ей, Людмиле, жаль оставить; она себе не представляла, что он будет делать без нее. В последнем случае Людмила была искренна; положение было действительно таково — во всяком случае, до самого последнего времени. — Где же он теперь? — спросил Макфален. — Я считаю, что мы должны с ним поговорить... — Его нет в Париже, — быстро сказала Людмила; перспектива встречи Макфалена с Аркадием Александровичем ее ни в какой мере не устраивала. — Тогда надо ему немедленно написать, — сказал Макфалён. Было решено, что Людмила сегодня же напишет Аркадию Александровичу; и после этого разговор перешел на идиллические темы о близком будущем — Шотландия, пруд, рыбная ловля, совместные путешествия, поездка на Ривьеру. Макфален говорил не без юмора о своей жизни в Англии, рассказывал шотландские анекдоты; незаметно наступил вечер, который был почти во всем похож на предыдущий, с той разницей, что после обеда Людмила долго играла ему самые лирические вещи. Макфален, который был настоящим знатоком музыки, не мог не оценить ее искусства, что еще болыие, если это было возможно, расположило его к ней, и он опять ушел поздно ночью, одевшись медленно и с неохотой; Людмила помахала ему рукой, не поднимая с подушки белокурой головы с разметавшимися волосами.

На следующее же утро она позвонила по телефону Сергею Сергеевичу. — Говорит Людмила Николаевна, — сказала она, учащенно дыша. — Так мило с вашей стороны, что вы меня не забываете, — сказал спокойный издевательский голос в трубке, — здравствуйте. — Сергей Сергеевич! — воскликнула Людмила. — Сергей Сергеевич, я к вам с громадной просьбой, все зависит от вас. — Громадной? Какой именно? — Мне необходим адрес моего мужа, немедленно, вы понимаете? — Понимаю, — сказал Сергей Сергеевич, — боюсь, что понимаю. Вы знаете, дорогая Людмила Николаевна, мое знакомство с вашим супругом, я не хочу от вас ничего скрывать, было до сих пор скорее поверхностным, не знаю, почему так вышло.

— Сергей Сергеевич, ради Бога, вы не знаете, как это для меня важно!

— Возможно, Людмила Николаевна, что это важно, но как бы это ни было важно, фактов это изменить не может. Другими словами, — вас, может быть, это удивит, — но наша переписка с вашим супругом всегда носила крайне нерегулярный характер, точнее, ее даже вообще никогда не было, и его, адреса я, к сожалению, не знаю.

— Сергей Сергеевич, есть ли у вас сердце или нет? Адрес вашей жены, — вы же это великолепно понимаете, Боже мой, я просто не нахожу слов.

— Меня начинает беспокоить состояние вашего здоровья, — сказал Сергей Сергеевич, — примите что-нибудь успокаивающее. В ближайшей аптеке обратитесь...

— Адрес вашей жены, Сергей Сергеевич, — ведь вы его знаете.

— Действительно.

— Дайте мне его.

— Я полагаю, что этого не следует делать.

— Сергей Сергеевич, даю вам честное слово... В трубке послышался смех. Затем Сергей Сергеевич сказал:

— Если это все, Людмила Николаевна, то мне остается пожелать вам всего хорошего, до свидания.

Затем телефон щелкнул, и Людмила, закусив губу, повесила трубку.

Она не могла допустить, что после ее бесспорной и окончательной победы над Макфаленом, именно тогда, когда все, о чем она мечтала, почти осуществилось: богатство, положение, — стоило только протянуть руку и взять, — что это необыкновенное счастье могло ускользнуть от нее из-за глупейшего недоразумения, из-за одного адреса, который до сих пор ей не был нужен. Она понимала трудность положения: ехать в Италию разыскивать Аркадия Александровича было совершенно бессмысленно. Можно было, конечно, объяснить

Макфалену, но Людмила полагала, что его следовало всячески ограждать от слишком детального знакомства с ее личной жизнью. Впервые за очень долгий период времени она растерялась. Что-то предпринять было, во всяком случае, необходимо. Она знала, что от Сергея Сергеевича ей будет трудно добиться чего бы то ни было, в этом отношении он был не похож на других, она убедилась в этом во время своего первого визита к нему: хотя тогда ее предприятие увенчалось успехом, но это была случайность, и причины этой удачи были не те, на которые она рассчитывала. Она вышла из дому, остановила такси и поехала к Сергею Сергеевичу. Его не оказалось дома. Она стояла на площадке лестницы, похрустывая в нетерпении пальцами и совершенно теряя голову. В это время незнакомый человек высокого роста подошел к двери и, посмотрев с некоторым удивлением на Людмилу, позвонил. Дверь открылась, и, ничего не спрашивая, он вошел было уже в квартиру; но в это время Людмила схватила его за рукав. Это был Слетов. Она быстро сказала по-русски:

— Простите, пожалуйста, вы здесь живете?

— Да.

— Вы служите у Сергея Сергеевича?

— Нет.

— А какое вы к нему имеете отношение?

— Вы что, из сыскного бюро, что ли? — спросил Слетов с любопытством.

— Нет, я просто женщина, находящаяся на грани отчаяния, — сказала Людмила, продолжая хрустеть пальцами. Слетов еще раз посмотрел на нее; по тому, как Людмила была одета, ее можно было принять скорее за благотворительницу, чем за просительницу.

— Стало быть, вам не деньги нужны? — спросил он после некоторого колебания.

— Нет, нет, нет.

— Да вы войдите, — сказал он, спохватившись, — объясните мне, в чем дело, я передам Сергею Сергеевичу. Что случилось?

Людмила стала рассказывать ему, сначала очень волнуясь, потом успокоилась. Слетов внимательно ее слушал. Она сказала, что в первый раз, вот теперь, она встретила человека, которого искала всю жизнь. Лицо Слетова выразило сочувствие. Затем она объяснила, что ее вынужденное пребывание с мужем теперь совершенно невозможно, что этому надо положить конец, что иначе не стоит жить и что если ей не удастся добиться от Сергея Сергеевича того, что ей нужно, то останется одно... Она вынула из сумки небольшой перламутровый револьвер; Слетов замахал руками.

— Помилуйте, вы с ума сошли, — сказал он. — Я готов вам всячески помочь, я прекрасно вас понимаю. Но при чем тут Сергей Сергеевич?

Она объяснила ему и это. Слетов покачал головой.

— Адреса он вам не даст, тут сам черт ничего не поделает, — сказал он. — Я Сергея Сергеевича хорошо знаю.

— Мне не нужно адреса, — сказала Людмила с заблестевшими глазами. — Я при вас напишу письмо, пусть Сергей Сергеевич его отошлет, это все, что мне нужно. Письмо я даже не запечатаю.

— Это — другое дело.

Людмила тотчас же крупным почерком написала письмо и передала его Слетову, который проводил ее до дверей и обещал сделать все необходимое.

Сергей Сергеевич вернулся через полчаса и застал Слетова, который сидел в кресле и с задумчивым видом вертел в руках письмо Людмилы.

— Ты что, Федор Борисович, корреспонденцией занялся?

— В известном смысле да, — сказал Слетов, — только косвенной. Здесь только что была Людмила Николаевна.

— Этого следовало ожидать. Так это ты ей письмо написал?

— Нет, это она написала.

— Мне?

— В том-то и дело, что нет.

— А, понимаю, — сказал Сергей Сергеевич. — Просила переслать это письмо ее мужу?

— Да. — И Слетов рассказал Сергею Сергеевичу свой разговор с Людмилой и прибавил, что она произвела на него впечатление совершенно искренней женщины, очень взволнованной и действительно, как она сказала, находящейся на грани отчаяния.

— Она тебе не сказала, что она девственница? Нет? Ну, и это слава Богу, а то бы ты и этому поверил. Но это что-то новое, до сих пор она работала, кажется, иначе. Давай-ка письмо.

— Как? — сказал Слетов. — Ты будешь его читать? Чужое письмо, адресованное не тебе? Сережа!

— В отношениях с заведомыми ворами, Федя, нельзя руководствоваться джентльменскими принципами, ты уж мне поверь. От этой женщины, Федя, нужно прежде всего ожидать какого-нибудь подвоха. Ну-ка, что она пишет? «Дорогой Аркадий, ты знаешь, как много я для тебя сделала; ты знаешь, что нередко мне приходилось жертвовать для этого всем решительно и даже своим самолюбием. Будучи умным и чутким человеком, ты должен это avoir apprécié».[46] Взволновалась так, что даже языки путает. «Теперь я прошу тебя немедленно и безотлагательно, как только ты получишь письмо, прислать мне твое мотивированное согласие на развод. Что делать, наши жизни разошлись». Можно, конечно, и так выразиться. «Все расходы по процессу я беру на себя». — Сергей Сергеевич протяжно свистнул. — «Я ничего у тебя не прошу, кроме этого. Жду немедленного ответа. Пришли сначала телеграмму о твоем принципиальном согласии, затем официальную бумагу. Желаю тебе счастья. Твоя Людмила». Это, Федя, как гадалки говорят, называется перемена жизни. Но какой же это несчастный ей попался?

— Ее ведет любовь, это чувствуется во всем, — сказал Слетов, выпуская дым папиросы кольцами.

— Черт его знает, — сказал Сергей Сергеевич. — Это, может быть, менее абсурдно, чем кажется на первый взгляд. Во всяком случае, она находится в явно ненормальном состоянии, — подумать, все расходы берет на себя.

— Любовь, я тебе говорю, Сережа, — любовь.

Телеграмма с принципиальным согласием Аркадия Аркадьевича на развод получилась через три дня, и Людмила тотчас же показала ее Макфалену. Еще через три дня пришла официальная бумага; Людмила отнесла ее адвокату, объяснив, что заинтересована в самом быстром разрешении дела и что вопрос о сумме не играет особенной роли. Он обещал сделать все в кратчайший срок, и она совершенно успокоилась. Макфален предложил ей ехать на Ривьеру, но она отказалась, она не хотела, чтобы ее встретили... пока у нее не будет развода... она предпочитала бы... Макфален соглашался на все. Было решено, что они поедут к океану, потом совершат вообще путешествие по Франции. Ранним утром они выехали из Парижа. Для Людмилы началась, наконец, жизнь, о которой она до сих пор только мечтала. Помимо элементарных удобств, вроде путешествия первым классом и дорогих гостиниц, в которых она останавливалась, то есть того, что она знала и раньше, — только всегда это было явно временно и, так сказать, контрабандой, — она испытывала чувство благодарности и даже любви к Макфалену, в той степени, в какой эти чувства вообще были ей доступны. Конечно, если бы вдруг выяснилось, что Макфален совершенно разорился, она тотчас же, — хотя, быть может, с некоторым беглым сожалением все-таки, —

---

[46] оценить (фр.)

оставила бы его. К счастью, это было невозможно. Она испытывала к нему сложное чувство, в котором значительное место занимало чисто физическое тяготение; имея дело всю жизнь с пожилыми, чаще всего, людьми — коммерсантами, владельцами фабрик, спекулянтами, — для которых почти всегда было характерно брюшко, одышка, вообще некоторая физическая несостоятельность, — она не была избалована в этом отношении. Макфален был неутомимым ходоком, очень любил природу, знал все породы деревьев, все цветы, растения, хорошо среа; бегал и плавал, а в рыбной ловле был совершенно непобедим и никогда не жаловался ни на какие недомогания, что неизменно делали все прежние поклонники Людмилы. Помимо всего — и опять-таки в отличие ог них, — он был культурным человеком, Людмила разговаривала с ним, как с равным. Макфален приходил в восторг от всего, что говорила Людмила, его особенно умиляло, что она чувствовала себя как дома в английской литературе. Он не думал о том, что любовь к музыке, литературе и искусству вообще может объясняться в одних случаях душевным богатством, в других, противоположных, — душевной бедностью; и Людмила принадлежала именно ко второй категории любительниц. Но так или иначе, у них очень быстро установился с Макфаленом условный язык, основные понятия которого были заимствованы из Киплинга и Диккенса, любимых его авторов; Людмила в одном из первых разговоров сказала Макфалену, что она выросла и воспиталась на английской литературе. Макфалена удивлял — как все остальное — ее беглый английский язык; он не мог знать того, что это было совершенно необходимо Людмиле для ее работы и, стало быть, теряло самостоятельную ценность, хотя и свидетельствовало о несомненных лингвистических ее способностях.

Людмила так прекрасно чувствовала себя теперь, что мало-помалу избавлялась совершенно от своей постоянной настороженности, от боязни сказать не то, что нужно, или поступить не так, как следовало, — один неудачный жест, одно неуместное замечание... Она не только вошла в свою роль, но ей начало казаться, что она никогда и не жила иначе, а так всегда и было. Она даже плакала несколько раз без того, чтобы это предшествовало какой бы то ни было просьбе об отсрочке векселя или рассказу о воображаемой смерти воображаемой дочери, — плакала просто от удовольствия и от того, что, наконец, длительные ее труды завершились заслуженным успехом. Макфален говорил ей: моя девочка, — и гладил ее по голове. Все было обдумано, все было решено: через три месяца

Людмила должна была получить развод — к тому времени Макфален будет находиться в Англии, они расстанутся на две недели, только на две недели; затем Людмила, с разводом в сумке, поедет на аэродром в Буржэ, сядет в аэроплан и через два часа будет в Лондоне, а на следующий день они обвенчаются.

Людмила была совершенно счастлива.

Письмо Людмилы, совершенно неожиданное и, казалось бы, долженствовавшее быть очень кстати, не доставило, однако, Аркадию Александровичу того облегчения и удовольствия, на которые следовало рассчитывать. Это объяснялось тем, что своим поступком Людмила нарушала давно обработанное и подготовленное представление о жене Аркадия Александровича, которое он придумал для Ольги Александровны и согласно которому Людмила не должна была быть в состоянии перенести мысль об окончательной разлуке с мужем, — настолько сильна, хотя и безропотна, была ее тихая любовь к Аркадию Александровичу. Можно было, конечно, предположить, что Людмила прислала это письмо, находясь в сильнейшем нервном припадке, который, быть может, предшествует сумасшествию или самоубийству. Но помимо того, что Аркадий Александрович очень хорошо знал идеальную невероятность такого предположения, это значило бы еще и необходимость немедленно ехать в Париж, постараться ее спасти — все-таки эта женщина была готова пожертвовать для него всем, а если до сих пор не пожертвовала, то только в силу его великодушия; и перспектива этой поездки была для Аркадия Александровича совершенно неприемлема. Он думал некоторое время над тем, чем объяснить Ольге Александровне письмо Людмилы, и решил это представить как попытку Людмилы таким образом произвести нечто вроде взрыва, — жест отчаяния, конечно, и, если угодно, поступок неблагородный, но в известной степени понятный. На самом деле Аркадий Александрович довольно точно представлял себе, чем было вызвано письмо Людмилы, которая никогда не скрывала от него, что если ей удастся найти достойного, как она говорила, человека, то ей, в частности, любопытно будет посмотреть, под каким мостом очутится ее бывший муж. Аркадий Александрович даже испытал некоторую беглую и незначительную тревогу, — он был похож на человека, который во время движения поезда переходит из одного вагона в другой по двум площадкам, разделенным каким-нибудь полшагом расстояния, под которыми, однако, свистит быстрый воздух, сверкают бегущие рельсы и безмолвно и стремительно сыплется галька. Но когда Ольга Александровна спросила: — Не секрет, Аркаша, от кого письмо? — он сразу растерялся и протянул его ей, успев, однако, подумать, что делает глупость. Но реакция Ольги Александровны оказалась совершенно иной, чем он думал; в ее жизни интересы аналитического и объяснительного порядка играли роль только тогда, когда их результат должен был доставить ей удовольствие, — вроде того, что, вот, такой-то человек был очень грустен, чем объяснялась эта грусть? Он был влюблен в Ольгу Александровну. Там же, где объяснения могли иметь какой-либо отвлеченный либо неприятный характер, у Ольги Александровны не возникало никогда даже отвлеченного к ним интереса. Она прочла письмо, протянула его Аркадию Александровичу и сказала:

— Ныне отпущаеши... Слава Богу, все к лучшему.

— Да, — сказал Аркадий Александрович задумчиво, — быть может, лучше, мне иногда казалось... быть может, лучше не вдаваться иногда в анализ положительных событий. Анализ — как щелочи: ядовитые, разъедающие пятна на чудесной ткани бытия.

— Ты бы написал об этом, ты знаешь, ведь это очень хорошо.

— Я не знаю, я в этом не уверен. Дело в том, что проза, в силу элементарных ее законов, не должна грешить чрезмерной метафоричностью.

— Но это так красиво и верно, Аркаша.

— Любопытная вещь, — продолжал с тем же задумчивым видом Аркадий Александрович, — любопытная вещь, что некоторые, казалось бы, очевидные положения не выдерживают испытания практикой. Как бы это сказать? Они нуждаются в трансформации, нередко почти иррациональной, для того, чтобы воскреснуть в какой-либо вещи, как феникс из пепла. Кстати, ведь я не читал тебе того, что успел вчера написать, хочешь послушать?

— Да, да, конечно!

Аркадий Александрович вынул из ящика стола разрозненные листы бумаги, уселся в кресло и начал читать:

— «Он с шумом встал из-за стола. Горничная посмотрела на него испуганными глазами. Не оборачиваясь по сторонам, быстрой походкой министр прошел к себе в кабинет. Он взглянул на портрет жены, висевший над его столом, и горько усмехнулся. Потом он сделал несколько шагов, сел на кожаное кресло со спинкой полукругом, резким движением рванул к себе ящик письменного стола. Вороненая сталь револьвера чуть блеснула в ярком свете весеннего дня».

— Он застрелится, Аркаша?

— Подожди, ты увидишь. Я как раз к этому подхожу: «Потом он медленно задвинул ящик. — Умереть? — мелькнуло у него в голове. — Из-за чего? Да, конечно, молодость, право на жизнь и так далее, я все это знаю. Но ведь пройдет еще несколько лет и будет так, как говорил несчастный Дон Карлос ветреной и прелестной Лауре в ту незабываемую мадридскую ночь:

Но они этого не понимают, — быть может, это лучше. — Мысль о том, что это лучше, однако, не носила утешительного характера». Ну вот, я написал до сих пор. Продолжение следует, как говорится.

Аркадий Александрович, начавший «Весеннюю симфонию» и задумавший ее, как «гимн молодости и любви», — он это сказал Ольге Александровне, — скоро заметил, что положительные описания необыкновенно трудны, и чтобы избавиться от них на некоторое время, он ввел в действие непредвиденного вначале героя, который был министром одной великой державы, пятидесятилетним человеком, женатым на юной красавице и узнавшим об ее измене, в связи с чем и занимавшимся такими мрачными размышлениями. Он, впрочем, был введен в роман исключительно потому, что Аркадий Александрович действительно отдыхал душой на пожилых людях, испытывающих несчастья: но министр решительной роли не играл, а благополучно кончал жизнь самоубийством; и роман должен был завершиться совершенно блестящим апофеозом без единой минорной ноты. Затем предполагалось издать книгу в небольшом количестве экземпляров, на хорошей бумаге. Роману предшествовало длиннейшее посвящение, героиня которого была обозначена тремя буквами — О.А.К. Появление министра было настолько немотивированным, что он поневоле приобрел полуфантастический облик; и потом, перечитывая написанное, Аркадий Александрович подумал с некоторой досадой, что министров, которые, хотя бы и по поводу измены жены, цитируют Пушкина, не бывает в природе. — Вот, со мной произойдет катастрофа, — подумал он, — не заговорю же я из-за этого вдруг по-испански. — Ольге Александровне, однако, и министр казался, правда, несчастным, но милым. и вполне приемлемым эпизодическим героем.

Таким образом разговор о письме Людмилы, которого боялся Аркадий Александрович, не произошел немедленно после его получения, а был своевременно заменен печальным министром. Он возобновился после завтрака. Аркадий

Александрович и Ольга Александровна сидели над морем; дул легкий ветерок, сверкала вода под солнцем.

— Теперь, Аркаша, — сказала Ольга Александровна, — нам надо поговорить. Собственно, все сказано, и даже больше, — она погладила его руку, — сделано. — Темные ее глаза улыбнулись. — Теперь речь о юридическом оформлении.

— Я к этому равнодушен, — сказал Аркадий Александрович. — Говорю это с риском тебя разочаровать. Не все ли равно, как это будет отмечено и вообще будет ли отмечено в каких-то бумагах? Главное, это то, что я ждал этого всю жизнь и теперь этого никто у меня не отнимет.

— Конечно, — сказала Ольга Александровна, улыбаясь, — но ведь ты ребенок, Аркаша. Мы взрослые люди, нам надо считаться с этими скучными бумагами.

— Я в твоем распоряжении.

— Прежде всего надо послать Людмиле Николаевне телеграмму. Затем бумагу с твоим согласием на развод.

— Хорошо.

— Потом я напишу Сергею Сергеевичу — он, конечно, сейчас же даст мне развод. А потом, когда все будет готово...

— Церковь, хор, старый батюшка... — мечтательно сказал Аркадий Александрович. — И на этот раз действительно новая жизнь, настоящее, непридуманное счастье. Какой ангел пролетал в Париже в тот вечер — ты помнишь?..

Аркадий Александрович почти бессознательно сводил обычно деловые разговоры с Ольгой Александровной к лирическим отступлениям; в результате делами занималась она, а он все свое время отдавал только тому, что он называл «единственно ценным».

По-своему он был не менее счастлив, чем Людмила, и, отчасти, в силу тех же причин: та глухая борьба, которую ему до сих пор приходилось вести — вечная забота о деньгах, вечное возвращение домой, где его ждала враждебная и насмешливая жена, разговоры о том, что единственное оправдание его положения Альфонса — это его графомания дешевого качества, — в отличие от Ольги Александровны Людмила достаточно хорошо разбиралась в литературе, и писательская несостоятельность ее мужа была для нее совершенно очевидна, — необходимость взять взаймы сто франков у знакомого фабриканта, толстого еврейского инженера в очках, который считал себя меценатом и официально покровительствовал серьезной литературе, хотя втайне предпочитал Арцыбашева другим авторам и к тому же довольно давно не читал книг вообще за недостатком времени, но имел то несомненнейшее в глазах его друзей достоинство, что суммы до ста франков давал очень легко; медленное и трудное накапливание по десять или двадцать франков, полученных путем мгновенных и неожиданных займов у разных людей, на костюм, на рубашку, кальсоны, галстуки, — словом, то, что Аркадий Александрович с усталой интонацией в голосе называл прозой жизни и о чем Людмила, в ответ на его жалобы, как-то сказала: это не проза жизни, Аркадий, это просто хамство и «стрельба», я не понимаю, как ты не щадишь моего имени, когда так поступаешь, — и Аркадий Александрович едва не задохнулся от возмущения, но промолчал, — все это теперь кончилось. Вместо этого была Ольга Александровна, действительно никогда не знавшая цены деньгам и тратившая их со своей всегдашней расточительностью и еще умиленная тем, что, в отличие от ее прежних любовников, Аркадий Александрович никогда не брал у нее и не просил ничего, довольствуясь тем, что она ему давала сама. Кроме того, он уже окончательно внушил себе мысль, что его жизнь с Ольгой Александровной в самом деле беспримерная любовная симфония; и действительно, такой сладости бытия он до сих пор никогда не ощущал, разве что в те далекие времена, когда был женат первым браком на героине своей легенды. Это была, однако, не любовь в чистом виде, а любовь как функция бессознательной благодарности Ольге Александровне — благодарности за отсутствие забот, за горячее ее тело, за то, что она серьезно говорила с ним о его «одиноком призвании в искусстве», за то, что нашлась раз в жизни женщина, которая искренне и безоговорочно поверила всему решительно, поверила, главное, в реальное существование Аркадия Александровича Кузнецова — такого, каким он был всегда в своей мирной мечте и каким ему никогда не удавалось быть в действительности.

Заблуждение Аркадия Александровича было, однако, понятно и основывалось, в частности, на том, что он, как это выяснилось, недооценивал до сих пор своих физических возможностей, которыми был очень горд и доволен. Он сказал это Ольге Александровне — он никогда не думал, он полагал, что, в сущности, жизнь кончена, и вот, теперь... Он даже немного похудел, приобрел известную размашистость в походке, и загорелое его лицо с блеклыми глазами стало несколько тверже, что ли, на вид. Он даже научился немного плавать — два-три метра, — и это доставило ему тоже большое удовольствие. Ко всему этому — издалека, почти незаметно — прибавилась, однако, какая-то опасная зыбкость; тот тленный мир, о суетности которого он писал всю жизнь, начал медленно исчезать, потерял прежнюю убедительность, и на его месте образовалась зияющая пустота, только очень постепенно заменявшаяся какими-то новыми вещами, которым в прежнем существовании Аркадия Александровича не нашлось бы применения. Но эта тревога была почти отвлеченной и, конечно, не могла помешать общей симфонии.

Ольга Александровна, по обыкновению, не задумывалась ни над чем — она, казалось, забыла обо всем, что предшествовало ее встрече с Аркадием Александровичем. Вдвоем они вспоминали свое короткое совместное прошлое: встречу на вечере поэта, потом свидание в кафе, где они не могли наговориться, потом невозможность, чтобы это так продолжалось; затем однажды, как в полусне, они дошли до небольшой гостиницы, почему-то возле плас де ла Репюблик, были встречены любезным гарсоном, лица которого они даже не заметили, хотя, в сущности, как сказал Аркадий Александрович, этот человек был привратником теплого рая, — и наконец, они вдвоем, в этой комнате с задернутыми шторами и тусклым зеркалом в полутьме; и, расставшись после этого с Ольгой Александровной, Аркадий Александрович подумал без всякого огорчения, что от денег, на которые он собирался заказывать костюм еще месяц тому назад, осталось каких-нибудь девяносто франков — все остальное ушло на кафе. Вспоминалось дальше, как Аркадий Александрович простудился, ожидая Ольгу Александровну на площади Сен-Сюльпис, — она задержалась, потому что ее такси столкнулось с автобусом; как в другой раз у него был припадок печени, и он все же, с нечеловеческими страданиями, пришел на свидание; и вообще все это и в изложении Аркадия Александровича, и в изложении Ольги Александровны приобретало неизменно героический и торжественный характер. Затем Аркадий Александрович начинал свои цитаты из разных книг, которые читал, — память у него была довольно хорошая, — и восторг Ольги Александровны перед его умом и образованностью, чудесно сочетавшимися с непобедимым личным очарованием и кристально-чистой, почти детской душой, все рос и увеличивался так, что однажды она сказала ему, объясняя это:

— Знаешь, Аркаша, это так неудержимо, ну, вот, прямо не могу найти сравнения... Я счастлива, я довольна всем. Надо только написать, узнать, как живет, что делает мой мальчик, мой Сережа.

И тогда в ее глазах, на одну долю секунды, промелькнуло нечто вроде беглого сожаления, которого не заметил Аркадий Александрович и которого не заметила она сама.

Сережа почти не расставался с Лизой в то знойное лето; он засыпал и просыпался рядом с ней, они вместе купались, вместе гуляли и жили вдвоем, почти не замечая ничего окружающего. Но однажды, когда они вернулись к обеду, они застали в столовой Егоркина, который пришел, не думая, что может оказаться некстати, и простодушно объяснил, что ему иногда становится невмоготу, как он сказал, от постоянного и безвыходного одиночества. Сережа смотрел на его жилистую, худую шею с выдающимся кадыком, на узловатые его руки, на штаны, которые сидели на нем мешком, и, несмотря на то, что обычно ему было жаль этого человека, в тот вечер испытывал к нему почти что ненависть. Лиза за столом все время молчала; два или три раза обращалась к Сереже по-английски и тотчас небрежно извинялась перед Егоркиным, ссылаясь на невольную привычку; и как ни был наивен и простодушен Егоркин, даже он, никогда не предполагавший, что его присутствие может кого-нибудь стеснить — так же, как его не могло стеснить ничье присутствие, — даже он заметил, наконец, что всем тягостно и неловко. Он поднялся и, желая как-нибудь сгладить неприятное впечатление, сказал, что пришел, собственно, узнать, не приезжает ли вскорости Сергей Сергеевич. Лицо Лизы стало точно каменным. Сережа ответил, что ничего не знает по этому поводу.

— А то вам без него, я думаю, скучновато иногда, — сказал Егоркин со своей широкой и простодушной, как всегда, улыбкой. — Ну, будьте здоровы.

Лиза кивнула головой. Сережа вышел проводить Егоркина до ворот, избегая смотреть на Лизу.

— Ты понимаешь, Сережа, — сказал Егоркин, — я почему Сергея Сергеевича жду, у меня кое-какие этюды есть, так вот, я хотел ему предложить.

Сережа вдруг подумал, что Егоркину, наверное, приходилось плохо. Он вспомнил, как художник за ужином ел — с нарочитой медленностью, но съедал все до последнего куска хлеба, которым он проводил по тарелке, — и Лиза смотрела в сторону, а Сереже очень хотелось сказать, что так не нужно делать. Он подумал, что Егоркин обедал сегодня по-настоящему, может быть, впервые за долгое время, и ему вдруг, чуть не до слез, стало жаль этого человека.

— Вам, Леонид Семенович, наверное, деньги нужны? — сказал он, преодолев стеснение. Егоркин улыбнулся.

— Деньги мне, Сережа, всегда нужны. Только ты мне ничего не должен.

— Нет, нет, — быстро сказал Сережа, — вы меня не поняли,

Леонид Семенович. Понимаете, папа у вас наверное купит картины, так не все ли равно, кто заплатит?

— Это верно, конечно.

— Подождите меня минутку, — сказал Сережа, — я сейчас приду.

— Постой, ты куда?

Но Сережи уже не было. Он прибежал наверх, в свою комнату, и открыл ящик письменного стола. От тысячи франков, которую он разменял неделю назад, оставалось две бумажки, одна в пятьсот, другая в сто. Он взял пятьсот франков, но, подойдя к дверям, остановился, вернулся, захватил еще оставшиеся сто и побежал вниз. В свете яркой луны он увидел художника, который сидел на придорожной тумбе и смотрел на море. Услышав бегущие шаги Сережи, тт поднял голову.

— Красота какая, — сказал он очень громко, — сколько лет живу — не могу налюбоваться.

— Вот, Леонид Семенович, — пробормотал Сережа, протягивая ему деньги, — вот пока что... Если вам будет еще нужно, вы мне дайте знать.

Егоркин неторопливо развернул деньги, потом крепко пожал Сережину руку.

— Ну, спасибо, — сказал он точно в раздумье.

— Я уверен, что папа у вас купит ваши этюды.

— Конечно, купит, — сказал Егоркин. — А если бы я кусок дерева ему принес, так он бы и дерево купил, разве я не понимаю? И Сергей Сергеевич знает, что понимаю. Одним много дается, другим мало. Ну, спокойной ночи, Сережа.

И он ушел быстрой походкой. Сережа пошел домой. Песок хрустел под его медленными шагами. Он остановился на секунду и вспомнил звук своих шагов по этому же песку — в тот первый вечер, когда они шли с Лизой вдвоем и когда он потерял сознание от ее поцелуя. С того времени, казалось, прошла целая жизнь. Для того чтобы понять огромное, несравненное, как думал Сережа, счастье, он напряженно искал объяснения тому, как все это могло произойти и каким образом получилось, что все, бывшее до сих пор, оказалось как бы подготовкой к теперешнему его существованию. Все, что Сережа знал и любил до сих пор, все казалось заслоненным узкой тенью Лизы — как в тот раз, когда как-то ночью она поднялась с кровати и подошла к открытому окну и Сережа смутно, сквозь начинавшийся сон, видел ее голое тело в темном воздушном пролете окна; и когда он встал и подошел к ней вплотную, из-за ее плеч и спины, на которые спускались ее черные волосы, вдруг медленно и неожиданно появилось море, берег с деревьями, ночная неподвижная листва, низкая звезда на далеком небе и вздрагивающая полоса лунного света на воде. Так и теперь из-за Лизы было видно то, что до сих пор отделяло его от нее, — мама, отец, ощущение теплой воды в ванне, — давно, когда он был маленьким и когда смуглые руки Лизы вынимали его оттуда и особенный ее голос говорил: — А теперь, Сереженька, спа-а-ать. — Что было еще? Были смешные детские вещи, касторка, соль, которую ему запрещали есть и которая была такой замечательно вкусной, потом воображаемые путешествия по книгам, по географическим атласам: Огненная Земля, Гвиана, Таити, берега Миссури, Аляска, Австралия, Мадагаскар, Сибирь и север России. Потом книги, множество разных книг, потом лицей, футбол, бег, плавание, потом прогулки по Парижу с товарищами, кинематограф, экранная красавица с глазами в пол-аршина диаметром и глицериновыми слезами, потом посетители отца, среди которых были знаменитые и почтенные люди, потом музыка и гулкий воздух концертного зала и, за всем этим, всегда — мать, отец, Лиза. Отца Сережа не понимал до конца; ему казалось странным, как можно было жить вот таким образом — всегда шутя, посмеиваясь над всем решительно, не волнуясь, не переживая. Был период времени, когда Сережа считал, что Сергей Сергеевич, — это была неприятная мысль, потому что он все же очень любил его, — просто никогда не задумывался ни над чем; все, чем другие люди мучаются, от чего они болеют, стареют и умирают, все это прошло мимо него; и не зная никогда ни нужды, ни каких бы то ни было лишений, он просто с удовольствием жил и не использовал своих досугов хотя бы для чтения. Сережа был огорчен этим, ему хотелось, чтобы его отец во всех вопросах оказался на высоте положения, а до сих пор он обнаруживал несомненную компетенцию только в коммерческих делах и биржевых курсах, в которых Сережа ничего не понимал, да еще в спорте — Сергей Сергеевич помнил, в частности, все рекорды. Но однажды Сережа услышал разговор отца с каким-то знаменитым и совершенно высохшим старичком о развитии религиозной философии, и было очевидно, что в этой области Сергей Сергеевич чувствовал себя так же свободно, как в спорте. Тогда Сережа вообще перестал понимать, что же, в конце концов, представлял из себя его отец. Он знал, что мать называла его машиной, что, когда Лиза говорила о нем, у нее, сквозь всегдашнее ее спокойствие, чуть-чуть сквозила либо насмешка, либо раздражение. Что они могли иметь против этого очаровательного человека, с которым никогда не было скучно и который всегда на все соглашался? Получалась парадоксальная вещь: любили отца люди, в сущности, почти не знавшие его — прислуга, Нил, который очень ценил Сергея Сергеевича, Егоркин, — а мать и Лиза относились к нему с холодком, который, вообще говоря, был для них нехарактерен. И почему мать всегда оставалась ему чужой — и когда она говорила: надо сказать Сергею Сергеевичу, надо спросить Сергея Сергеевича, — всегда казалось, что речь идет о каком-то хорошем знакомом? И почему выходило так, что Сергей Сергеевич, хозяин своего дома и владелец своего состояния, рассматривался ближними не как активный участник их жизни, а как довольно ценный, правда, и довольно приятный, советник по разным делам, но без которого, в сущности, можно было бы обойтись? Сереже очень хотелось поговорить об отце с Лизой, но в данный момент это было невозможно, так как речь непременно коснулась бы того, что сейчас происходило, и Сережа боялся этого, тем более, что и Лиза до сих пор ни словом не обмолвилась об этой самой трагической, в конце концов, проблеме, перед которой они оба очутились. Мысль, что Лиза — сестра его матери, все не могла дойти как следует до сознания Сережи, вернее, она была только на поверхности и затем где-то глубоко-глубоко внизу, где Сережа ощущал ее тревожное присутствие; и он инстинктивно избегал думать об этом. Рано или поздно, этот вопрос должен был, конечно, быть разрешен, но до этого еще было, быть может, далеко.

И опять-таки, впервые за всю жизнь, Сережа оказался перед вопросом о своей собственной судьбе, о своей роли в событиях. До сих пор он почти не существовал в доме Сергея Сергеевича как самостоятельная величина, — в том смысле, что его жизнь и его присутствие не могли никаким образом влиять на общий ход событий и на отношения между членами этой семьи. Сергей Сергеевич мог быть недоволен — в принципе, так как на самом деле свое недовольство он никогда не обнаруживал, — Ольга Александровна в свою очередь могла поссориться с Лизой, Лиза могла рассердиться на Сергея Сергеевича, но во всех этих случаях интересы Сережи совершенно не затрагивались; и независимо от того, что происходило, все трое относились к Сереже с той неизменной ласковостью, к которой он привык с детства, и лишь Сергей Сергеевич изредка посмеивался над ним, но тоже только в тех случаях, когда знал, что это его не обидит. Но тот же Сергей Сергеевич однажды сочувственно выслушал сорокаминутную речь Сережи о международном положении. Случилось это так:

Сергей Сергеевич проходил мимо комнаты Сережи; из-за неплотно закрытой двери доносился громкий голос его сына:

— Donc, je crois, messieurs, que nous sommes tous d'accord en ce qui concerne ce cté du probléme. Mais pour tre efficaces les mesures que nous envisageons...[47]

Сергей Сергеевич постучал в дверь; наступило молчание, и потом совсем другой, почти детский голос сказал:

— Entrez...[48] Пожалуйста.

— Ты с кем это говоришь, Сережа? — спросил Сергей Сергеевич, садясь на диван.

— Да так, глупости.

— Нет, а все-таки?

— Видишь ли, — доверчиво сказал Сережа, — представь себе, что я подумал, как бы я, если бы я был министром иностранных дел, onmhl`ex, произносил бы речь на очередной сессии Лиги Наций.

— Ага. По какому поводу, собственно?

— Вообще, о международном положении.

— Хорошо, — сказал Сергей Сергеевич. — Если ты можешь себе представить, что ты министр иностранных дел, то меня рассматривай как благородное собрание, что не более неправдоподобно. Произноси речь, а я буду оппонировать.

— Ты не шутишь?

— Нет, нет, серьезно.

— Ну, хорошо. Я продолжаю. На каком языке?

— А ты министр какого государства, собственно?

— об этом я как-то не думал, — откровенно сказал Сережа.

— Ну, хорошо, это не важно. Говори, скажем, по-французски, а я тебе буду отвечать, как представитель форен-офиса, то есть тоже пофранцузски, но ты должен будешь извинить акцент. Ну, поехали.

— Tant que l'Allemagne, — продолжал Сережа, — restera meurtrie, que les puissances européennes se désintéresseront complétement ou presque complétement de sa situation, nous ne pourrons aucunement compter sur elle comme sur un facteur de l'équilibre européen, ce méme équilibre au rétablissement duquel nous avons sacrifié des millions de vies humaines et au nom duquel la plus atroce des guerres s'était déclenchée...[49]

---

[47] Итак, я полагаю, господа, что мы все согласны в том, что касается этой стороны проблемы. Чтобы сделать эффективными те меры, которые мы предлагаем... (фр.)

[48] Войдите... (фр.)

[49] Пока Германия... останется истерзанной, пока великие европейские державы будут совершенно или почти совершенно безразличны к ее

— Je me perments de rappeler Monsieur le Président, — сказал Сергей Сергеевич с честным английским акцентом, — que c'est bien l'aveugle et criminelle politique de l'Allemagne qui a provoqué la guerre.[50]

— Messieurs, — громко сказал Сережа, — nous ne sommes pas ici pour analyser les causes de la guerre ni pour chercher le coupable. La vengeance de l'histoire, d'ailleurs, a été impitoyable. Mais je tiens a vous rappeler que nos efforts ne doivent pas étre ménagés pour la construction de l'Europe novelle qui — je suis le premier a l'esperer — ne ressemblera nullement a celle qui s'est ensevelie sous les ruines fumantes, dans le sang et la souffrance.[51]

И после того, как Сергей Сергеевич, всесторонне обсудив международное положение, ушел, Сережа улыбнулся ему вслед и был очень рад, что нашел достойного собеседника.

Все это было так давно! Все теперь изменилось — и вместо исторических и философских проблем, вместо Сергея Сергеевича, Ольги Александровны и той, прежней, Лизы возникло нечто новое, бесконечно более важное и ответственное и чье существование невольно и непоправимо заслонило весь этот дорогой и далекий теперь мир. Сережа видел то мгновенное удаление; казалось, что все это осталось на своих местах, люди были те же, и то же пятно на полу его комнаты, образовавшееся оттого, что тогдашняя нянька, вышедшая на минуту, оставила на этом месте электрический утюг — и вернулась через полчаса, — тот же ровный, темный блеск перил его лестницы, тот же Нил, та же итальянка; но Сережа, тем не менее, вопреки очевидности, ощущал это так, точно эти люди и вещи, окружавшие его теперь, принадлежали далекому прошлому, о котором он не мог не жалеть, — и это сожаление было одним из элементов его счастья, этого полета в

внутреннему положению, мы абсолютно не сможем рассчитывать на нее как на фактор европейского равновесия, того равновесия, ради достижения которого мы пожертвовали миллионом человеческих жизней и во имя которого началась самая жестокая из войн... (фр.)

[50] Я позволю себе напомнить господину президенту... что именно слепая и прёступная политика Германии и спровоцировала войну (фр.)

[51] Господа... мы здесь не для того, чтобы анализировать причины войны, и не для того, чтобы искать виновного. Впрочем, месть истории была безжалостной. Но я хочу всетаки вам напомнить, что мы не должны жалеть наших усилий для строительства новой Европы, которая — я первый на это надеюсь — совершенно будет не похожа на ту Европу, что погребена под дымящимися руинами, в крови и страданиях (фр.)

неизвестные края, где Бог весть что ожидает его. Но для того, чтобы понять это счастье, он должен был сопоставить его с тем, что было раньше, и только тогда, только так увидеть его необыкновенность. Тень Лизы не оставляла его; даже когда ее не было, все было полно ее присутствием и ожиданием ее возвращения, как воздух был полон отзвуками ее голоса, как музыка была полна ее интонациями, как вода была полна ее дрожащим отражением, как в прикосновении морского ветра Сережа явственно ощущал приближение к своему лицу ее теперь всегда полуоткрытых губ. Это беспрестанное и напряженное ее присутствие во всем — от бессознательной усталости, после которой Сережа засыпал крепчайшим сном каждую ночь, — стоило того, чтобы ради него пожертвовать всем, чем угодно. Это жадное счастье заключало в себе необходимость какой-то непременной жертвы, нужно было поступиться чем-то очень важным и дорогим, чтобы заслужить его. И так как никаких изменений в жизни Сережи пока не происходило, то вместо них возникло чувство потери того мира, в котором он жил до сих опр.

Но у Сережи было мало времени, чтобы думать обо всем этом; вернее всего, эти мысли не успевали дойти до его сознания точно так же, как вопрос о том, что все это должно кончиться каким-то самым важным, быть может, в жизни Сережи решением. Он этого не мог не знать; но он не думал об этом. Он вспоминал о прошлом и чувствовал настоящее; что будет потом, этого нельзя было предвидеть, хотя бы потому, что до сих пор ничего похожего на свое теперешнее состояние он не знал; и жизнь, которой он теперь жил, была ему совершенно внове. И единственным и неизменно сильным напоминанием о том, что предшествовало теперешнему периоду его жизни, было воспоминание о его матери, которое не могла заслонить даже вездесущая тень Лизы. Сережа очень любил Ольгу Александровну; и хотя он знал уже, что ее личная жизнь далеко не была безупречной, это знание оставалось само собой и никак не затрагивало его матери. Это была все та же вкусная и мягкая мама, со своей ласковой скороговоркой, со своими нежными руками, и та женщина, которой она была для других, чужих людей, нередко покидавшая свой дом, мужа и сына, — эта женщина не имела никакого отношения к маме, хотя теоретически мама и она были одно и то же лицо. Он вспоминал ее трогательное похищение его из отцовского дома в Лондоне: — Сережа мой миленький, Сережа мой маленький, Сережа мой беленький, — вспомнилось вдруг ему. И когда он подумал после этого, что Лиза — сестра его матери, им на секунду овладело отчаяние — тревожный и далекий холодок внутри; что она скажет, когда узнает об этом?

Они лежали вдвоем на берегу небольшой песчаной заводи. Высоко над ней шла аллея, проходящая мимо их дома, справа был ровный, почти вертикальный обрыв берега, слева — их маленькая бухта. Был двенадцатый час дня, солнце стояло высоко. Сережа перекатился несколько раз и, когда оказался рядом с Лизой, сказал:

— Вот, Лиза, мы теперь вдвоем с тобой, нас никто не слышит, и я еще раз хочу тебе сказать: самая лучшая, самая замечательная.

— Самый глупый, самый сумасшедший, — в тон ему ответила Лиза.

— Смотри, Лиза, как поразительно, — сказал он. — Самое главное, это ведь не слепое счастье. Смотри, вот там, в Париже, например, десятки тысяч людей задыхаются, ненавидят, умирают; другие тысячи лежат на больничных койках, еще другие — старики, еще другие за всю жизнь ни разу не знали, что такое любовь. И есть люди, которые никогда не видели моря. И есть вообще мир, который населен другими. И вот наряду с этим, но вне этого, в таком бесконечном и незаслуженном счастье, я лежу здесь рядом с тобой, разве это не чудо?

Лиза погладила мокрые волосы Сережи.

— Ты часто молчишь, Лиза, почему?

— Это хорошее молчание, Сережа, не огорчайся.

— Я не огорчаюсь. Но ты знаешь настолько больше меня, ты настолько умнее...

— Нет, Сереженька. Ведь мы знаем, что было. То, что было, никогда не повторяется. А когда наступает новое, то ты и я одинаково беззащитны. Потом мы будем знать, как это было, и будем радоваться или жалеть. Теперь мы ничего не знаем, Сереженька; мы чувствуем — это разные вещи.

— Нет, ведь я говорю объективно, Лиза, не потому, что я тебя люблю. Ты всегда, всю жизнь была одинаковой — такая же чистая, такая же безупречная и такая замечательная! Только ты, и ничего вне тебя, — понимаешь? Вся жизнь, все мысли, все, Лиза, все.

— Мой милый мальчик.

— Я всегда был эгоистом, Лиза, ты знаешь, но вот для тебя, мне кажется, — нет ничего, чего бы я не сделал. Ну вот, если бы мы остались вдвоем, одни, без денег, я бы работал для нас двоих, все, что угодно, хоть в шахтах, — и был бы по-прежнему счастлив. Вообще все. Я никогда не знал, что могут быть такие вещи. Знаешь, я теперь понимаю: рождению мира предшествовала любовь, и я понимаю, почему это так.

Он улыбнулся и покачал головой.

— Я только одного не понимаю: вот разные люди там любят друг друга, женятся, страдают и так далее. Это мне кажется нелепым: как можно любить кого-нибудь, кроме тебя, какую-нибудь другую женщину? Ведь ни одна из них ничего общего с тобой не имеет, и это опятьтаки не мое личное мнение, а просто реальность, которую я констатирую.

— Для тебя, Сереженька, для тебя.

— Хорошо, для меня. Но я же нормальный мужчина, как другие.

Теперь улыбнулась Лиза.

— Ты не мужчина, Сереженька, ты мальчик еще.

— Я им был недавно, — сказал Сережа, покраснев, — но теперь я не мальчик, ты это отлично знаешь и видишь. Лиза, подожди, куда же ты?

Но Лиза уже встала и вошла в воду; потом она упала на спину и поплыла, сделав Сереже прощальный жест рукой; Сережа бросился за ней, нырнул и вдруг его голова показалась из воды на уровне ее плеч. Тогда она повернулась на грудь и стала уплывать, он плыл рядом с ней, на секунду останавливался, кричал своим звонким голосом: — Не уйдешь, Лиза, никогда не удастся, никогда! — и в то время, как кричал, отставал на два метра, а потом снова догонял ее, прыгая в воде и кувыркаясь, как дельфин.

Подплывая к берегу, они увидели Егоркина, который, в вылинявшем купальном костюме, стоял по колени в море и брызгал на себя водой: Сережа издали видел его худое тело с резко выступающими ребрами и пучком серых волос на груди, выбивавшихся из-под трико.

— Здравствуйте, Леонид Семенович, как живете? Купаться пришли? — кричал Сережа.

— Здравствуйте, Елизавета Александровна. Здравствуй, Сережа, — сказал Егоркин, выпрямившись и поклонившись. — Хорошо купались?

— Спасибо, Леонид Семенович, — сказала Лиза более приветливым голосом, чем обычно. — Развлеклись немного.

— А вот я никак не могу научиться, — сказал Егоркин, — боюсь воды все. Как подумаю, что под ногами дна нет, страх берет.

— Я вас научу, — сказал Сережа. — Прежде всего научитесь голову под водой держать.

— Господь с тобой, Сережа, как же я дышать буду?

— А вот смотрите. Вы набираете воздух, потом погружаете голову в воду и выпускаете воздух ноздрями в воде. Вот так.

Сережа погрузил голову в воду, стоя на коленях, и пузырьки воздуха с бульканием поднимались на поверхность. Егоркин, наклонившись, внимательно смотрел.

— Нет, уж если я так окунусь, меня потом откачивать будут, — сказал он.

— Да это же просто.

— Я не говорю, Сережа, что не просто. Умереть-то ведь тоже несложно.

— Ну, хорошо, собирайтесь, Леонид Семенович, — сказал Сережа; Лиза уже сделала несколько шагов по направлению к дому. — Идемте к нам завтракать.

Сережа подождал, пока Егоркин оделся, и вдвоем они вошли на террасу. По дороге, встретив «шефа», Сережа попросил его сказать матери, что будет завтракать еще один человек. Егоркин остался один на террасе, Сережа ушел к себе одеваться. Через десять минут они втроем сели за стол.

— Вот, странно все выходит, — сказал Егоркин. — Рос я почти что на Волге, у меня в Саратове тетка замужем за ветеринаром была. И вот, ходил я с ребятами на реку, все плавали, а я так и не научился. И здесь живу столько лет и тоже никак. Не пловец я, ничего не поделаешь.

Лиза молчала. Сережа сказал:

— Так вы, значит, в Саратове были? Вот я, Леонид Семенович, русский, а России не видал почти что. Так, как сквозь сон, Крым помню немного.

— Нет, я Волгу хорошо знаю, — сказал Егоркин. — Тетка у меня была милая женщина, только на руку чуть-чуть тяжела.

— В каком смысле?

— Да смысл-то ясный, — сказал Егоркин, улыбаясь своей откровенной и простодушной улыбкой. — Нас, детей, она никогда не трогала, а мужу вот попадало.

— За что?

— Да он, как это сказать, пил немного. Ну, она женщина все-таки нервная была, и вот, бывало, и стукнет его несколько раз. Она его все попрекала: тоже, говорит, ветеринар, ты, говорит, до того допиваешься, что лошадь от коровы, говорит, не отличаешь во хмелю.

— А он часто пил?

— Нет, раз в месяц на два дня запивал, — сказал Егоркин. — Тихий был человек, рыболов, все рыбу ловил. А рыбы в Волге сколько угодно. Уж я на что не специалист и то однажды щуку в пятнадцать фунтов поймал.

Сережа засмеялся. — Чему ты? — спросил Егоркин. — Вы не обижайтесь, — ответил Сережа, продолжая смеяться, — я просто сегодня в очень хорошем настроении. Вы сказали «щука», так я вспомнил охотничьи и рыболовные истории.

— Ничего не история, — сказал Егоркин, — хорошее дело, история. Я едва жив из-за нее остался.

— Из-за щуки?

— Из-за щуки, конечно. Она, проклятая, так дергала, что я в воду упал, как был, одетый.

— Ну, и что ж?

— Ну, а удочку не выпустил и схватился за дерево, над водой росло. Потом ребята пришли, помогли вылезть, и тут-то я ее вытянул.

— Пятнадцать фунтов — сколько это на кило?

— Почти что восемь кило выходит.

— А каких вы еще рыб ловили, Леонид Семенович?

— Разных, Сережа, только я мало ловил. Дядюшка мой — тот всю жизнь на этом провел, знал всякую рыбу, и ее привычки, и места, где она водится, и как лучше всего ее брать. Он действительно был специалист.

— Терпение адское нужно, я думаю, — сказал Сережа.

— Не терпение, а характер. У нас считают, что рыболов — он как бы поврежденный немного человек. Он неопасный, конечно, немного поврежденный. Да, по-моему, лучше уж рыбу ловить, чем в кабаке сидеть.

— Это несомненно, Леонид Семенович, — сказала молчавшая до сих пор Лиза.

Егоркин смутился, как смущался почти всегда, когда Лиза вступала в разговор. Лиза была единственным человеком из всех, кого он знал, чье присутствие ему было почти тягостно, он всякий раз как-то терялся и начинал чувствовать себя неуютно, хотя со стороны он очень ценил ее ум и красоту, как он говорил. Она явно принадлежала к другому миру, в который ему не было доступа; и в той степени, в какой это различие ему казалось незначительным и неважным, когда дело касалось Сергея Сергеевича, или Ольги Александровны, или Сережи, в такой же степени это становилось ясно по отношению к Лизе. Он не понимал, чем это объяснялось, но это чувство его было неизменно вот уже много лет. В ее присутствии он вдруг вспоминал, что не так, может быть, одет, как следует; не то говорит, что нужно; не так сидит за столом и вообще не тот, каким он должен был бы быть, чтобы не чувствовать этого стеснения. С Сережей, напротив, он чувствовал себя легко и свободно. Чтобы переменить разговор, он стал вспоминать, как продал свои первые картины Сергею Сергеевичу.

— Вы помните, Елизавета Александровна, — сказал он, — это в тот год было, когда вы вдвоем с Сергеем Сергеевичем приезжали к нам в первый раз сюда на лето. Тебе, Сережа, наверное, лет семь было, не больше, я тебя только на следующий год увидел. А Сергей Сергеевич и Елизавета Александровна тогда вдвоем здесь полтора месяца прожили.

Глаза Лизы расширились, она, по-видимому, хотела что-то сказать, но промолчала.

— Я тогда еще думал, — продолжал Егоркин, — когда вас вдвоем увидел, — неужели русские? Потом шел сзади, когда вы гуляли, слышу, говорят не по-русски и не по-французски; думаю, значит, ошибся. А потом Сергей Сергеевич вдруг сказал: «Все это невежественные выдумки», — по-русски. Я тогда обрадовался.

И Егоркин рассказал, как он впервые разговаривал с Сергеем Сергеевичем. Был пасмурный день, редкий для этого времени года: Егоркин сидел на пустынной тропинке, разложив ящик с красками, и рисовал. Шаги, которые он слышал уже несколько секунд, остановились за его спиной. Он обернулся и увидел того человека в белом костюме, который приехал сюда несколько дней тому назад с молодой женщиной в блестящем новом автомобиле и который говорил о невежественных выдумках.

— Море рисуете? — спросил по-русски Сергей Сергеевич.

— Как видите, — сказал Егоркин, размашисто повернувшись на самодельном табурете, у которого одна ножка была значительно короче других, отчего он был чрезвычайно неустойчив; и от резкого движения Егоркин упал на землю вместе с табуретом. Сергей Сергеевич, не удерживая смеха, помог ему встать.

— Табуретку где заказывали? — сказал он, улыбаясь. — С центром тяжести она не в ладах.

— Сам делал, вот в чем секрет, — ответил Егоркин.

— Вы из каких мест? — спросил без перехода Сергей Сергеевич.

— Тамбовской губернии, — ответил Егоркин.

— Далеко заехали, — сказал Сергей Сергеевич. — Вы, вообще, художник или так, любитель?

Егоркин объяснил, что он художник, что здесь он одно время специализировался на иконах, на которые у русских большой спрос, преимущественно на самого национального святого — Николая Чудотворца. Сергей Сергеевич засмеялся.

— Чему вы?

— Николай-то грек был, — сказал Сергей Сергеевич. — Ну, ничего, продолжайте. Так, говорите, на божественные сюжеты спрос?

Егоркин рассказал, что иконы он рисовал по памяти, какими их в русских церквах видел. Затем он перешел на портретную живопись, которая, однако, не удовлетворяла ни его, ни заказчиков. Его — потому что ему не удавалось достичь нужного сходства, а заказчиков и, главное, заказчиц — потому что они неизменно хотели быть гораздо красивее на портрете, чем в действительности. Особенное огорчение Егоркину доставила одна бывшая знаменитая писательница (- Как фамилия? — спросил Сергей Сергеевич. Егоркин ответил. — Помню, — сказал Сергей Сергеевич, — писала порнографическую дребедень, дальше?), которая сказала Егоркину, что она лично знала Репина и Врубеля, что Егоркин с ними сравниться не может и что портрет ужасный и она ему ничего не заплатит, потому что он не так нарисовал. И показала ему фотографию, снятую двадцать лет тому назад, где она была довольно привлекательной сорокалетней дамой с веером в правой, сильно изогнутой руке, и сказала, что вот ее точный портрет, и просила убедиться Егоркина, что его произведение не имеет ничего общего с этой фотографией, что, действительно, было очевидно. И когда Егоркин сказал, что фотография была Бог весть когда снята, она накричала на него и не заплатила денег; но портрет все же остался у нее. Егоркин не получил ни копейки, хотя затратил на работу много времени и усилий. Из его рассказов становилось ясно, что дела его вообще были катастрофически плохи, хотя Егоркину и в голову не приходило жаловаться на это, — это было его естественное состояние. Сергей Сергеевич в конце разговора сказал Егоркину, что сам он любитель оригинальной живописи и что с удовольствием приобрел бы несколько картин, если есть продажные. — Помилуйте, — вне себя от радости сказал Егоркин, — да все, что хотите! — На следующий день он принес Сергею Сергеевичу пять картин, которые тот тотчас приобрел за очень незначительную сумму. Но потом, понизив голос, он сказал художнику, что надо просить всегда дороже, что люди, обычно покупающие картины, чаще всего ничего не понимают, а судят по цене: если дорого, стало быть, хорошо. Впоследствии, однако, этот принцип Егоркин применял с успехом только по отношению к Сергею Сергеевичу, на остальных цены производили устрашающее действие; да еще однажды молодой студент одного из калифорнийских университетов, выигравший крупную сумму в Монте-Карло и почти не протрезвлявшийся трое суток, на второй день этого беспримерного пьянства купил у Егоркина, не торгуясь, почти все его картины, после чего Егоркин съездил в Париж и остановился в гостинице, где его обокрали; он все же успел повидать Лувр и только не знал, как ему возвращаться на юг, но потом сообразил — разыскал Сергея Сергеевича, и тот снабдил его деньгами на путешествие. Вторая половина состояния хранилась у Егоркина на юге, и, приехав туда, он прожил ее за два года: он был скромным и нетребовательным человеком, которого никак нельзя было назвать расточительным, но, подобно многим бескорыстным людям, обращаться с деньгами не умел.

Завтрак давно кончился, а Егоркин все рассказывал. Сережа слушал его с интересом, Лиза скоро ушла и через полчаса явилась, переодевшись в городской костюм. Сережа с удивлением на нее посмотрел.

— Ты забыл, что нам нужно в Ниццу, — сказала она.

— Как, ты собираешься в Ниццу? Мне казалось, что мы никуда не едем.

— Это доказывает, что у тебя плохая память. Иди одеваться, Леонид Семенович нас извинит, я надеюсь.

— Помилуйте, Елизавета Александровна, помилуйте... Всего хорошего, я и так засиделся.

Когда Сережа спускался вниз, «шеф» отозвал его в сторону и попросил разрешения поехать с ним до Ниццы.

— Конечно, — сказал Сережа. — У тебя дела в Ницце?

— У меня свидание, — сказал «шеф», — ты меня должен хорошо понимать.

— Почему именно я? — спросил Сережа, покраснев.

— Потому что если ты считаешь меня слепым, то ты ошибаешься, — сказал «шеф».

— Хорошо, ты едешь с нами, — крикнул Сережа, направляясь к гаражу.

Они довезли «шефа» до Ниццы, где он слез; они поехали дальше. Когда Сережа спросил Лизу, зачем она хотела ехать в Ниццу, Лиза ответила, что в Ниццу она действительно не собиралась, что придумала это путешествие, чтобы избавиться от бесконечного Егоркина.

— Почему ты его не любишь? Он хороший человек, очень простой.

— Да, уж простоты хоть отбавляй, конечно. Но он меня раздражает.

— Он такой смешной, такой простодушный и очень

добрый, — сказал Сережа. — Я помню, как он приходил со мной играть, приносил мне конфеты, а ведь денег у него никогда не было. Он, может быть, не обедал, чтобы купить мне что-нибудь, это очень для него характерно.

— Я этого не отрицаю. Я только не нахожу его общество интересным. Все эти глупейшие рассказы о Волге, о щуке, о тетке, которая была замужем за ветеринаром, от всего этого челюсти сводит.

— Лиза, мне надо с тобой поговорить, — сказал Сережа. Губы Лизы дрогнули, но Сережа не заметил этого.

— Я слушаю.

— Лиза, у меня есть основание думать, ты знаешь... Как это тебе сказать?

— Nous y voilá, je crois.[52] Говори, мой мальчик.

— Понимаешь, я думаю, что наши отношения...

— Вот чего я больше всего боялась, — сказала она со вздохом. Лицо ее сделалось бледным, она с трудом дышала. Невольная ее тревога передалась Сереже.

— Лиза, как все это будет?

— Не знаю, Сереженька. Знаю только, и не хочу от тебя скрывать, что самое страшное впереди. Черт возьми! — вдруг сказала она, поднимая голову. — Я тоже имею право на мою собственную жизнь и не хочу об этом думать. Не будем говорить, Сережа, об этом. Поцелуй меня.

Сережа прижал ее голову к плечу и поцеловал ее.

— Будем осторожнее немного, вот и все. А когда придет время за все ответить, я отвечу за все. Не думай об этом.

— Хорошо, Лиза.

Но поздно ночью, когда Сережа заснул, Лиза не могла спать и, не переставая, думала обо всем том, о чем условилась не думать, о чем запретила думать Сереже. Собственно, начало этих размышлений было вызвано, как в прошлый раз, неловким поведением Егоркина, который поминутно упоминал Сергея Сергеевича в своем разговоре, не подозревая, в какой степени это мучительно для Лизы. Лиза отдавала себе отчет в том, что она действительно и сильно любит Сережу. Ей казалось даже, что это ее чувство не похоже на другие, предшествовавшие ему. Она не могла не быть увлечена такой полной любовью Сережи, для которого все существовало только через нее и, действительно, ничего не было вне ее. Вместе с тем, она спрашивала себя, способна ли она на такое полное перерождение, такой полный отказ от прошлого? В

---

[52] Началось, надеюсь (фр.)

данный момент в этом не возникало сомнений, но что будет через пять лет, через десять лет?

Она до сих пор не знала такой всеобъемлющей, такой счастливой любви, — все всегда было временно, случайно, ненадолго, все, за исключением ее долголетней связи с Сергеем Сергеевичем, который, в конце концов, был, действительно, не человеком, а именно машиной; и она подчас начинала его ненавидеть за то, что в нем идеально отсутствовала непосредственность, все было обдуманно, не было ничего неожиданного, — все эти фразы, насмешливые ответы, насмешливые размышления. — Машина, машина, — говорила она. Даже физически — каждый мускул делал именно то, что полагалось, с точным и как будто рассчитанным напряжением. Он ни разу за все время не сделал ей больно, ни разу не сказал того, что могло бы ее по-настоящему обидеть, хотя, несомненно, при желании нашел бы нужные для этого слова; и вот это джентльменство без усилий всегда раздражало. — Il n'a pas de mérite, — говорила она себе. — Il n'a rien á vaincre.[53]

— Как громадное большинство женщин, Лиза мечтала всю жизнь об исключительной любви, это было почти бессознательное желание: испытать чувство, в котором можно раствориться, почти что исчезнуть, почти что умереть и забыть себя; но для этого был нужен какой-то могучий толчок, мягкий вихрь, непреодолимое движение, невозможность жить иначе. Тогда она стала бы женственной, исчезла бы ее резкость, ее любовь к самостоятельности, ослабели бы и стали нежными ее неженские мускулы, вообще было бы полнейшее и счастливое перерождение, и та, прежняя Лиза, с ее постоянным сдержанным раздражением — оттого, что это все не приходит, а время идет, — с ее неудачными и случайными романами, в каждом из которых она чувствовала свое превосходство над мужчиной, с этой постоянной душевной оскоминой от Сергея Сергеевича, — эта Лиза перестала бы существовать и возникла бы другая, не похожая на эту и бесконечно более счастливая.

И вот теперь это произошло. Лиза знала уже давно о чувствах Сережи, она была слишком женщиной, чтобы не понимать того, в чем он сам, конечно, не отдавал себе отчета. И оттого, что Сережа тянулся к ней, она сначала испытывала только сладкую тревогу; но наступил момент, когда она не могла сопротивляться собственному желанию, — на второй вечер после их приезда сюда. Когда она поцеловала Сережу и он потерял сознание, она знала уже, что теперь начинается

---

[53] Нет у него никаких заслуг... И никаких побед (фр.)

самая замечательная, самая важная часть ее жизни. Помимо того, что она любила Сережу вне каких бы то ни было соображений о том, подходит он ей или не подходит, она не могла остаться равнодушной к его романтическому и наивному обожанию, к его совершенной неповторимости, к его душевной беззащитности. Далеко за этими чувствами, совсем в тишине и глубине, был еще темный и соблазнительный привкус чего-то запретного. Это не было внешнее, очевидное соображение о том, что роман тетки с племянником сам по себе этически недопустим. Нет, это было нечто неопределенное, но почти физическое, нечто вроде ощущения несравненной терпкости этой любви. Никакие нравственные личные соображения не волновали Лизу, — и по одному этому она поняла, что Сережу она действительно любит. Она думала о том, что будет впоследствии, и больше всего боялась его потерять. Несмотря на всю свою власть над ним, она не могла бы сказать, как поступит Сережа, если узнает, что Лиза уже много лет любовница Сергея Сергеевича. Кроме того, она боялась также реакции Сергея Сергеевича, которому она все-таки, в данном случае, не доверяла. Ну, хорошо, она объяснит ему, что это ее счастье, ее жизнь, что без этого она умрет, что ни при каких обстоятельствах она не расстанется с Сережей. На Сергея Сергеевича это не подействует, он может сказать, что во всяком другом случае он был бы рад за нее, но теперь... С другой стороны, скрыть от него связь с Сережей невозможно, — она еще была бы способна на это, но Сережа настолько прозрачен, что вот уж теперь об этом знают все окружающие. Что делать? Уехать с ним? Но ведь это значит исковеркать всю его жизнь, он должен осенью начать учиться в Лондоне, он еще мальчик. Уехать — и на какие средства жить? Давать уроки языков — и потом, через десять лет, с померкшими глазами, с плохо закрашенной сединой в волосах, понять, что из-за этой пожилой женщины Сережа загубил свою жизнь? Да, конечно, Сергей Сергеевич предложит присылать деньги, но ведь на это не согласится Сережа. Она почувствовала прилив ненависти к Сергею Сергеевичу. Этот человек знал, что делал: все-таки, что бы ни говорили, все они зависели от него — ни у Лизы, ни у Ольги Александровны собственных денег не было, и хотя Сергей Сергеевич никогда им ни в чем не отказывал, но за деньгами все же нужно было обращаться к нему.

Лиза боялась Сергея Сергеевича. Она, даже она, не знала, в конце концов, что скрывается за его официальной и всегдашней снисходительностью. Он мог сделать много зла, у него были большие возможности. Он никогда, ни разу в жизни не воспользовался ими по отношению к Ольге Александровне или Лизе. Но он ревниво сохранял их всегда, и, удерживая их всю жизнь, он в любую минуту мог пустить их в ход; эта угроза, к которой он не прибегал, — он засмеялся бы, если бы ему об этом сказали, — была в его руках, и, так или иначе, он ее не выпускал. Лиза знала, что его доброта происходит скорее от равнодушия, чем от чего-либо другого; он не испытывал никогда сильных страстей. Но она прекрасно понимала, что Сергей Сергеевич — если предположить, что в нем вдруг вспыхнет ненависть, — будет ей более страшен, чем кто бы то ни было. И какая глупая мысль — назвать сына своим собственным именем! А, вместе с тем, в этом втором имени — Сережа, — казалось бы, точно похожем на первое, звучали те интонации, которые невозможно было даже предположить; казалось невероятным, что в этом же самом слове сначала — только гулкая пустота и ожидание, а потом, во втором, настоящем... Что во втором? Ручей, зеленая трава, далекий серебряный колокольчик, легкий ветер над поверхностью мягкого моря — самая лучшая, самая чистая любовь. Над чем это смеялся Сергей Сергеевич — как всегда — груз прошлого? С необыкновенной ясностью Лиза вдруг увидела далеко сверкающий на солнце Крым, Симеиз, красный грунт теннисного корта, свое белое платье на голом теле, белый костюм Сергея Сергеевича и его насмешливые глаза, которые никогда, ни при каких обстоятельствах не мутнели, а оставались ясными, не перестающими понимать происходящее, — и это же ей, в припадке откровенности, однажды сказала Леля, ее сестра, как будто бы она сама этого не знала. — Ты всегда все видишь, все понимаешь? — спрашивала его Ольга Александровна. — Всегда, Леля, но с неизменной доброжелательностью, — отвечал он. — Ты всегда все видишь, всегда все понимаешь? — спрашивала Лиза. — Я вижу твои глаза, ведь это значит видеть все, — говорил Сергей Сергеевич. И потом, через несколько дней, держа Сережу, которому тогда было два года с небольшим, Лиза сказала: неужели и он таким будет? И быстрые глаза ребенка внимательно посмотрели на тетку, и маленькая пухлая рука схватила ее за щеку.

— Очень надеюсь, — сказал Сергей Сергеевич, — посмотри, какой он хороший. — Сережа начал прыгать на руках у тетки.

Это было почти пятнадцать лет тому назад. Груз прошлого? Да, потом берлинский музыкант, цветы на концерте, ночь в гостинице и решивший все разговор, что он создан для искусства и что он не может связать свою жизнь, которая...

Только позже он узнал, что Лиза была belle-soeur[54] Сергея Сергеевича, что он упустил, быть может, большие деньги, и стал писать письма, на которые она никогда не отвечала, потому что ей было противно. Затем швейцарский студент, такой замечательный лыжник, такой прекрасный атлет и такой удивительно плохой любовник, сознававший это и оттого очень робкий, — Лизе было всегда жаль его. Потом англичанин, морской офицер, погибший во время пожара на коммерческом пароходе, он ехал на нем в качестве простого пассажира, возвращался из Индии в Европу, где его ждала Лиза, проведшая мучительную неделю в лондонской гостинице, в первом этаже, мимо окна которого однажды прошел ничего не знавший Сергей Сергеевич, приехавший в Англию на два дня и шедший рядом с бывшим британским послом в Константинополе, любителем ходьбы, — Сергей Сергеевич знал его еще по Турции. Лиза быстро отошла тогда от окна. Это была еще одна оборвавшаяся тогда жизнь; был сентябрь месяц, отвратительная погода, дождь и холод, — и затем она вернулась в Париж, в дом Сергея Сергеевича, который ей сразу показался осиротевшим, хотя Роберт — его звали Роберт — не только никогда не был в нем, но даже не знал о его существовании. А в доме все было по-прежнему, та же вечно влюбленная в очередного поклонника Ольга, звонившая по телефону, уезжавшая, посылавшая телеграммы в страницу, то же милое лицо Сережи с такими чистыми и хорошими глазами — ему было тогда двенадцать лет, он читал «Машину времени» Уэллса, — и та же душевная оскомина, она не могла найти другого выражения, от присутствия Сергея Сергеевича. Сколько раз за все это время она пыталась его полюбить по-настоящему — и никогда это не получалось: он был слишком хорош, слишком все понимал, слишком добр, слишком благожелателен, слишком насмешлив — всегда решительно. И то непосредственное, почти детское, смесь материнского и ребяческого, что всегда было в Лизе, не могло проявиться; по отношению к нему это казалось всегда неуместно, и, чтобы защищаться от этого, Лиза делала вид, что она тоже насмешлива, как он, что она тоже ничего не принимает в своих отношениях с ним всерьез, что она так же олимпийски безразлична ко всему. Не желая, быть может, этого, он много лет медленно и безжалостно деформировал ее жизнь и заставлял ее всегда играть одну и ту же комедию, всегда притворяться, всегда бессознательно лгать. Все существование

---

[54] свояченица (фр.)

этого человека было построено на лжи. Ложь — его доброта, ложь — его великодушие, ложь — его любовь, одно только не ложь — его насмешка. Но ведь нельзя построить жизнь, и уже совершенно невозможно построить любовь на этом одном отрицательном качестве. И вместе с тем, если бы в его жилах текла кровь, обыкновенная человеческая кровь, а не тот идеально приготовленный физиологический раствор, который наполнял его крепкое и гибкое тело, не знавшее усталости, он был бы человеком, о котором можно только мечтать. Но вот этого ему не хватало. Это нельзя было понять — можно было только почувствовать, и только будучи женщиной, и только будучи его любовницей. Это знали сестры — Ольга и Лиза. Ольга, впрочем, может быть, забыла это, она слишком давно не имела никакого отношения к мужу. Лиза знала, однако, что ее, Лизу, Сергей Сергеевич действительно любил. Seulement ce n'est jamais grand chose[55] — этот непонятный нищенски-малый максимум того душевного богатства, которое ему отпустила природа. И это опять-таки заключало в себе загадку: Лиза была уверена, что для нее Сергей Сергеевич сделал бы все, что мог, а мог он очень много, — почему же это ее оставляло равнодушной? Потому, что все, дававшееся другим трудом и жертвами, ему давалось легко и без усилий? Лиза была уверена, что Сергей Сергеевич ей не изменял, — но и в этом не было заслуги, ему не нужно было бороться с соблазном, у него его не было. Он объяснял это ей, он говорил, что это результат длительной спортивной культуры, рационально функционирующий организм, — да, пожалуй, как у швейцарского студента; но все же. Сергея Сергеевича никак нельзя было сравнить с ним, у того был недостаток физический, у Сергея Сергеевича — душевный. Так же он воспитывал Сережу, который, если бы его предоставить самому себе, никогда бы спортом не заинтересовался; но уже в пятилетнем возрасте Сергей Сергеевич его бросал в воду на глубоком месте, Лиза кричала ему: — Ты с ума сошел! — и собиралась броситься за ним, но спокойная рука Сергея Сергеевича ее удерживала: — Ничего, Лизочка, так нужно — утонуть я ему не дам, можешь быть спокойна, — и, действительно, Сережа барахтался и держался на воде. Но как можно было смотреть спокойно в его жалобные детские глаза, наполненные слезами? Тогда ей начинало казаться, что Сергей Сергеевич вообще лишен человеческих чувств; и, задумываясь над этим, она представляла себе, что он, как герой

---

[55] Только это не пустяки (фр.)

фантастического романа, — плод невероятной и жестокой фантазии, существо с быстрым и необыкновенно развитым разумом, мгновенно понимавшим то, постижение чего другим давалось слезами и страданием, — ему ничего этого не нужно было. Он понимал, например, что Егоркина нужно жалеть и над ним не следует смеяться, Лиза это допускала теоретически, но между теоретическим понятием и чувством у нее была вся ее жизнь, через которую она не могла пройти, а у Сергея Сергеевича вместо этого было сверкающее пустое пространство, в котором не было ни одного призрака. И во всем это было так.

Вспоминая Сергея Сергеевича за все годы, Лиза с удивлением подумала, что, кажется, никогда он не выразил своего волнения, тревоги или радости — что бы ни случилось. Очень давно, когда кончилась гражданская война и Сергей Сергеевич после своих драматических, казалось бы, приключений и полного крушения того мира, в котором, собственно, прошла его жизнь, приехал в Лондон, где давно уже была его семья, он явился с новенькими чемоданами, в прекрасном, только что выглаженном костюме, чисто выбритый и смеющийся — веселые синие глаза, ослепительно белый воротничок, — так, точно он ездил куда-нибудь поблизости по делам; и когда зашла речь о России и Ольга Александровна говорила: — Боже, какой ужас, Сережа! — он сказал, Лиза очень хорошо запомнила эту фразу: — Дада, так жаль этих бедных, милых генералов. — После покушения на него в Афинах, когда полиция задержала стрелявшего — и промахнувшегося буквально в двух шагах, — Сергей Сергеевич рассказывал потом Лизе: — Знаешь, так приятно было видеть среди этих разбойничьих и смуглых греческих физиономий такое милое, русское лицо — нос картошкой, глаза этакого отчаянного дурачка, ну, просто одно удовольствие. — Мимо! Мимо! — говорила Ольга Александровна Лизе. — Разве ты не видишь, Лизочка, что он всегда и говорит, и идет мимо жизни, как насмешливый лунатик, который все понимает! — И связать свое существование с этим человеком, все — жажду настоящей любви, глаза, которые хотели бы раствориться в чьем-то втором и единственном взоре, сильное и гибкое тело, руки с длинными пальцами и розовыми ногтями, все — в жертву этой машине?.. И вот теперь, когда эта Лиза, созданная для блистательной и несравненной любви, наконец, нашла то, без чего уже невозможно дальше существовать, теперь — точно она хочет идти к Сереже и вдруг у двери видит знакомый широкий силуэт, и металлическая, неживая рука, поперек пролета двери, загораживает ей дорогу. А сколько раз Лиза была остановлена в своем увлечении Сергеем Сергеевичем, в лучших своих чувствах, в лучшие минуты — как тогда, например, когда она цитировала ему те свои любимые строки, лежа рядом с ним и глядя в его глаза: — Ты помнишь это, Сережа?

Мы — два коня, чьи держит удила Одна рука, одна язвит их шпора, Два ока мы единственного взора, Мечты одной два трепетных крыла. Как это замечательно, Сережа! — Да, очень. — И только? — Есть досадная неточность; правда, в поэзии... — Ну, Сережа... — Нет, верно, Лизочка: как же — два коня и одна шпора? Одну шпору носят только ездовые в артиллерии. И потом, удила — это же не поводья, Лизочка. Удила — это во рту у лошади, а не в руках всадника, хотя бы и с одной шпорой. Почему такая скупость в экипировке — вместо четырех шпор всего одна? Но зато две последние строчки — гениальны.

Он не любил ничего замечательного, ничего героического, ничего достигающего вершин человеческого вдохновения. Во всем он находил что-нибудь смешное и тогда мог это рассматривать свысока, — что это такое? защитный рефлекс? — как он сказал бы, может быть, сам, — или жестокость? Первое, что он произносил, говоря о ком-нибудь, было: какой очаровательный человек! какая очаровательная женщина! И потом он прибавлял еще несколько слов — о самом досадном недостатке этого человека или этой женщины, и выходило, что первый оказывался мерзавцем, а вторая дурой. Но они все-таки милейшие люди. Милые, очаровательные — это были любимые его слова, а, вместе с тем, ничье очарование на него не действовало: горох об стену. Ради чего жил этот человек? Жил — и душил своей жизнью других. — Никогда, ни за что! Опять в эти неживые объятия! — думала она. — Никогда, ни за что! — Он исковеркал жизнь Ольги, он почти исковеркал ее, Лизу, он еще не успел погубить Сережу — и этого ему не удастся сделать. Но он не должен ничего знать, иначе эта машина придет в действие, и ее нельзя будет остановить.

А вместе с тем, если бы вдохнуть в него жизнь, какой это был бы замечательный человек! Но об этом ей было неприятно думать. — Что же мы будем делать, Сереженька? — сказала она шепотом, наклонившись над Сережей. Глаза его были закрыты, он ровно дышал во сне, у него было совсем детское лицо. Лиза вспомнила, как они вдвоем с сестрой уходили на цыпочках из детской, после того как мальчик засыпал, и Леля шептала:

— Спи, моя любовь, спи, мой котик, спи, мой беленький.

И потом появлялся Сергей Сергеевич, который говорил:

— Ну, как, девочки, едем мы в цирк или не едем? Представь

104

себе, Лиза, там выступает знаменитый итальянский жонглер Курачинелло и, жонглируя пылающими факелами, наизусть цитирует монолог Раскольникова, потом монолог Свидригайлова. Хочешь посмотреть и послушать?

И вот теперь, вместо этого неправильного, ненастоящего существования, — такая замечательная жизнь с Сережей. Ей иногда хотелось кричать полным голосом, драться, возиться, бегать, — и она, обычно медлительная Лиза, стала не похожа на себя. Когда они однажды засиделись в лесу и нужно было торопиться к обеду и до дому оставалось еще два километра — по красноватой вьющейся аллее, все время вниз, — они пробежали их вдвоем с Сережей, и ей показалось, что ей опять восемнадцать лет и вновь, как тогда, жадно и быстро в лицо бьют летние запахи горячей земли, раскаленных сосен и дорога послушно убегает из-под ног. И рядом с ней, задерживая постоянный, стремительный разгон, бежал Сережа, подхватывая ее под руку на поворотах; потом длинные прыжки с небольших уступов, мгновенные полеты в остановившемся воздухе и запах собственного тела, свежо и сильно разгоряченного бегом. Ей нравилось все: и постоянная застенчивость, и неловкость Сережи, и неумелые его поцелуи, и то, как он беспомощно путался в ее платье, а она не могла удержаться от смеха, всячески мешая ему, хватая его за руки, — и во влажной ее улыбке блестели ее зубы. Какая глупость — жить столько лет и не знать ничего об этом! Вдвоем они мечтали вслух о том, как они жили бы на острове, в лесу, на берегу зеленой лагуны с прозрачной водой и песчаным дном, как спали бы в пещере, как укрывались бы там во время тропического ливня. Большую часть дня они проводили обычно вне дома — в море или, после обеда, в Ницце, в Вильфранш, вечером снова уходили гулять, и когда возвращались, все в доме спало уже глубоким сном. И только однажды они провели сутки, не выходя даже на террасу, — утром того дня Лиза проснулась от ощущения холода, подошла к окну, чтобы притворить его, и, вставая с кровати, услышала сильный шум дождя. Она приподняла деревянную штору; беспрерывно обрушивающаяся водяная стена струилась и падала перед ее глазами; шел сильнейший дождь. Все пространство, которое она видела перед собой, было полно брызг и водяного тумана, мягко и грозно шумел ветер; с мокрым и звучным шуршанием беспрерывно сыпалась галька на берегу; сквозь разнообразные шумы слышалось быстрое и одновременное журчание нескольких ручьев, все было-всхлипывание, влажный треск и чмоканье размягченной земли, и, прорезывая тяжелый и сырой воздух, где-то неподалеку кричал петух. Лиза не могла отойти от окна. Впервые, быть может, в жизни время исчезло из ее представления; давно, в страшной пропасти исчезнувших тысячелетий, неоднократно было то же: тот же неистовый дождевой вихрь, те же звуки, шум огромной земли и резкий крик петуха — и если бы представить себе мифического титана, который заснул под шум этого дождя крепким сном и проснулся из каменного века в христианской эре, — все было бы то же: водяная стена, влажный туман, резкий крик птицы в сырой, наполненной брызгами мгле. Сережа проснулся, — как бы крепко он ни спал, он всегда, через некоторое время, ощущал ее уход, — поднялся и стал рядом с ней. — Посмотри, мой мальчик, — сказала она, положив руку на его голое плечо. Они стояли оба, дрожа от утреннего холода, и оба, не отрываясь, смотрели перед собой.

— Знаешь, Лиза, что мне это напоминает?

— Что, Сереженька?

— Сотворение мира. Вот такой же космический хаос и там, чуть-чуть выше, огромная тень Саваофа над этим клубящимся и дымным миром. Ты представляешь себе это? А вокруг него, конечно, дождя нет и сухо, он в такой колоссальной водяной дыре, — ты понимаешь? Посмотри, Лиза, может быть, он там? Вот ты всматриваешься, и тебе кажется, что далеко в воздухе стелется линия гор, — а это не горы, Лизочка, это его неподвижная каменная рука.

— Там, направо, наверху, Сережа?

— Да, Лиза, приблизительно там.

— А я думаю другое, Сережа.

— Что именно?

— Я о времени. Как ты это говоришь — тяжелый полет?

— Да, если хочешь.

— Так вот, ты чувствуешь в эту минуту, что времени нет? Ты понимаешь, как нелепо — Егоркин, «шеф», Париж, Лондон — ведь этого ничего не существует сейчас, а есть мы с тобой, небо, земля, волны на море и дождь. И вот то, что нам холодно, и то, что я тебя люблю. Давай кричать вместе: времени нет!

Они прокричали это, их голоса тонули в шуме дождя. Затем Лиза сказала:

— Надо еще спать, мой мальчик, иди ложись. И он поднял привычным движением ее тело на руки, и, как всякий раз, она говорила: — Ты с ума сошел, ты уронишь меня, я вешу почти шестьдесят кило, ты с ума сошел, ты слышишь, — но крепко держалась руками за его шею и не отпускала его.

Целый огромный мир, в котором до сих проходила ее жизнь, сместился и исчез. Лиза вспомнила теперь о нем, но от него остались только самые элементарные представления: холод, тоска, пустота и то, что как будто бы все звуки потонули в нем, не получая отклика, — этот мир был почти безмолвен и безжизнен, и никакое могучее дыхание не оживляло его. В нем так же, казалось бы, звучала музыка, лились реки, скрипел снег, плескалось море, но все это было как на давно примелькавшейся картине, в немом размахе чьего-то беззвучного и угасающего вдохновения. Она иногда начинала думать — в те, далекие времена, — что это объяснялось, помимо всего, отсутствием неисполнимых желаний материального и географического порядка: она была действительно совершенно свободна, могла делать, что хотела, ехать, куда хотела, одеваться, как хотела, — для этого рядом был Сергей Сергеевич, с неизменной охотой удовлетворявший ее желания. Ей ничего не хотелось тогда; конечно, заход солнца над Женевским озером был красивее, чем рассвет в Париже, конечно, на итальянских озерах было лучше, чем в Лондоне, но это были несущественные подробности, которые не могли изменить главное. А главного не было и не могло быть.

Теперь она все видела по-иному, так, точно у нее были другие глаза, сохранившие прежние размеры, прежний цвет, прежнюю точность перспективы, — но в тех же пейзажах, на которые она смотрела теперь, все расцвело и изменилось: над головой развернулось гигантское и далекое небо, заблестела вода, черно-белые скалы, которыми кончался правый берег Cap-Ferrat, точно впервые возникли над морем в их двухцветной хаотической красоте. И над этим всем, в буйном и почти утомительном соединении разных красок из многоцветной тишины, все время звучала далекая музыка, лишенная мелодической стройности, — ветер в деревьях, всхлипывание воды в бухте, крик цикад, гул волн, бьющих в узкие и длинные проходы между скалами, — но живая, ни на секунду не прекращающаяся и невыразимо прекрасная. Ее зрение стало острее и внимательнее, она впитывала в себя все, что видела, и все замечала — и шаркающую походку старого итальянца, который шел к своему огороду, и мускульное усилие человека, который крепил парус под легким ветром на довольно большом расстоянии от берега, и небрежно гибкий прыжок обезьяны, жившей на длинной цепи в одном из ближайших садов, и непостижимо быстрый полет ласточки, взмывавшей непосредственно от поверхности земли к колокольне местной церкви, и стремительное движение уплывавшей из-под нее рыбы, и медленное раскачивание подводных водорослей, и плавный размах смуглого тела Сережи в воде, когда он, с разбегу отделившись от дамбы, бросался в море. Ей казалось, что ее состояние было похоже на чувства человека, который был тяжело болен, не мог двигаться, долго лежал и не надеялся, что когда-нибудь встанет, но потом поднялся и ощущал, как вновь наливается его тело, пальцы обретают волшебную, давно утраченную гибкость, и все начинает жить и неудержимо двигаться вокруг него. Та же разница была и в других ее ощущениях — от первого, нежного прикосновения Сережи у нее начинала чуть-чуть кружиться голова, и глаза ее сразу мутнели, — эта вторая и единственно настоящая жизнь началась с того вечера, когда она впервые поцеловала Сережу.

Несмотря на то, что она обычно всегда поступала в своей жизни расчетливо — в том смысле, что старалась учитывать все последствия того или иного своего поступка и заранее принимала меры, которые должны были устранить могущие возникнуть препятствия или соображения, — на этот раз она почти не задумывалась над тем, что будет дальше, хотя в данном случае это было более необходимо, чем когда бы то ни было. Ей было слишком хорошо, и внутренний, безошибочный в каждую данную минуту ее инстинкт, которому было чуждо понятие о временной перспективе, удерживал ее от размышлений по этому поводу. Она чувствовала, однако, что чем дальше, тем невозможнее для нее станет разлука с Сережей. Во всяком случае, не думая о будущем, она знала чувством, что если с ее стороны в дальнейшем потребуются какие угодно жертвы, она не остановится пред ними.

И вот, несмотря на это неожиданное и бесспорное обогащение Лизы — в смысле большого количества чувств и ощущений, которые до сих пор были известны ей только из книг, — нельзя было не заметить, что в чисто духовном своем облике она несомненно потускнела. Книги, любимые ее книги, которые она изредка пыталась читать — ее терпения теперь хватало на полчаса, не больше, — стали казаться ей скучными. Она еще отдаленно ценила их замечательность, ей еще казались убедительными некоторые логические построения, но они потеряли ту утешительную силу, которой обладали раньше. Главное, становилось ясно, что ей до этого нет, в сущности, никакого дела. — Искусство, Лизочка, изобретено для неудовлетворенных, — говорил ей давно Сергей Сергеевич, и тогда она бурно возражала ему и утверждала, что его заставляет так думать' только внутренняя пошлость. Теперь она не могла бы с ним не согласиться. Когда они однажды поехали — вместе с Егоркиным — на очередную выставку картин в Ницце, Лиза не запомнила ни одной из них; остались только цветные пятна, потому что все время рядом с ней был Сережа, который держал ее под руку, и его присутствие занимало всецело все ее внимание. Даже наружность ее изменилась. Ей и раньше случалось идти по улице и замечать, как люди оборачиваются, чтобы посмотреть на нее; но теперь это не только стало повторяться гораздо чаще, но среди тех, кто оборачивался, было много простых людей — рабочих, рыбаков; они раньше на нее не обращали внимания, потому что было слишком явно, что это была дама, которая не имела и не может иметь к ним никакого отношения. Теперь она как-то приблизилась к ним — может быть, потому, что слишком несомненно было видно по ее лицу и глазам, по всему ее чуть-чуть огрубевшему и отяжелевшему облику, что главную роль в ее теперешней жизни играло то эротическое начало, в значении которого ни один мужчина не мог ошибиться. Она понимала это, но понимание ее, как и все, что не относилось непосредственно к ее личной жизни в данное время, было чем-то отдаленным, посторонним и несущественным. Она была счастлива тем, что в ее возрасте она еще не ощущала никакой физической разницы между той, какой была много лет назад, когда держала на руках маленького Сережу, и той, которой была теперь; и она не думала и не вспоминала, что этим тоже обязана Сергею Сергеевичу, который заставлял ее заниматься спортом и говорил: — Потом меня же благодарить будешь. — Но в этом он ошибся, — по крайней мере, для данного времени; никакой благодарности по отношению к нему Лиза не чувствовала, это было меньшее, что можно было сказать. Ее радовало, что она была почти так же сильна, как Сережа, и он неизменно этому удивлялся, — тем более, что, в силу счастливого устройства ее тела, мускулы были не видны. Сережа удивился однажды, когда Лиза как-то задержалась в дороге, — он вышел ей навстречу и узнал, что у нее лопнула шина и она меняла колесо. — Как, сама? — Вот глупый, конечно, сама, — сказала она. — А как же ты гайки отвинчивала? — Вот так, Сереженька, — она сделала вращательное движение правой рукой. — И у тебя хватило сил на это? — Она засмеялась и потом предложила ему состязание, которое было основано именно на мускульном напряжении руки и из которого он вышел победителем, но с таким трудом, что все лицо его густо покрылось капельками пота. — И то я немного устала, — сказала она, — а если я буду свежая, то тебе несдобровать. — И это ей было приятно — в состязании с Сережей чувствовать его гибкую сопротивляемость; в том же упражнении с Сергеем Сергеевичем ее ждало разочарование — там не было ни сопротивления, ни гибкости, была только застывшая, неживая рука, которую она не могла сдвинуть с места и кончила тем, что укусила, после чего Сергей Сергеевич спокойно сказал: — Это не входило в программу, Лиза.

Лиза до сих пор не подозревала в себе возможности того непрестанного физического томления, которое теперь почти не покидало ее. Сережа не мог не поддаться ему; и за несколько дней он похудел и лицо его вытянулось, несмотря на то, что ел очень много и спал несколько часов непробудным сном.

Он очень возмужал за первую же неделю, у него стало резче лицо, точнее обрисовывался разрез чуть-чуть потемневших глаз, все-таки еще очень светлых на загоревшем лице. После того дня, когда Лиза сказала ему: — Обещай мне не думать об этом, Сережа, — он послушно подчинился ей; для него вообще не было большего наслаждения, чем исполнять ее желания, какие бы они ни были. Но он думал обо всем усиленно и напряженно и до этого запрещения, и теперь не мог помешать тому, что время от времени, в солнечном блеске, утром на берегу моря или в мягкой и точно прозрачной темноте южного вечера, перед ним появлялось лицо матери, все то же милое, с большими темными глазами, над которыми не было ресниц, с чистым лбом без морщин, с легким запахом духов, который возникал, как только она наклонялась над ним. Собственно, нельзя было сказать, что Сережа думал, это было бы неверно: не было мыслей как логично построенного рассуждения; было несколько зрительных сопоставлений, которые иногда бывали мучительнее, чем любая мысль. Ему до сих пор никогда не удавалось связать все, что он думал, видел и чувствовал, в ту последовательную и постепенно развивающуюся систему, какой обычно была представлена человеческая жизнь в книгах, которые он читал. Он не думал о том, что она всегда бывает условна и искусственна, ему только казалось, что он просто сам не способен к такому творческому воссозданию. Он очень много знал и читал для своего возраста и до самого последнего времени думал, что теоретически в мире нет вещей, которые он не мог бы понять; и огорчился однажды, когда отец ему сказал, говоря о какой-то житейской проблеме, что Сережа не может ее постигнуть. Он сказал это, ничего не объясняя сначала; тогда Сережа спросил, считает ли Сергей Сергеевич его совершенным олухом. Сергей Сергеевич потрепал его по щеке с неожиданной ласковостью и ответил, что, наоборот, он им очень доволен, что лучшего наследника он себе не хотел бы; но наследник, по его словам, слишком молод, чтобы понимать некоторые вещи.

— Не потому, Сережа, что ты глупее какой-нибудь накрашенной пожилой дамы, которая, вообще говоря, дура дурой; однако она это может понять, а ты — нет, хотя она не читала и десятой доли тех умных книг, которые...

— В чем же дело?

— В душевном опыте, Сережа, понимаешь? Трудно объяснить и не нужно. Потом. Вот тебе придется столкнуться с чем-нибудь, о чем ты читал тысячу раз, и тогда ты увидишь, что читать — одно, а чувствовать и понять — другое. Что такое каждая этическая проблема? Попытка схематизации коллективного душевного опыта — это главное, потом идет утилитаризм, целесообразность и т. д.

А Лиза говорила, что об этом не стоит думать — не вообще не стоит думать, а ему, Сереже, не следует на этом останавливаться, для него это неважно. Лиза всегда была для Сережи воплощением всех добродетелей, и это его представление о ней не только не потерпело никакого изменения теперь, но стало еще более отчетливым. Конечно, нехорошо и ужасно, что она сестра его матери; вот бы только одно это небольшое изменение — и все было бы даже с этической точки зрения замечательно. Эта сторона вопроса, однако, была тяжела для Сережи не потому, чтобы он лично испытывал из-за этого какие-либо неудобства, стеснения или неловкость, — нет, только потому, что он предвидел ужас в глазах матери, когда она узнает. Он совершенно не мог себе представить реакцию отца, но знал, что и отец, конечно, отнесется к этому отрицательно. о Сергее Сергеевиче можно было подумать именно так: отнесется отрицательно; по отношению к Ольге Александровне эти слова звучали дико: она могла бы ужаснуться, — это, пожалуй, было вернее всего. Но при мысли о том, что в результате этого может пострадать Лиза, кровь приливала к его лицу; все, что угодно, но только не страдания Лизы — такой замечательной, такой чистой и нежной.

Все, что думал Сережа, он думал до разговора с Лизой — и тогда это было мучительно и неразрешимо. После разговора ему сразу стало легко на душе: он, действительно, перестал ставить себе вопросы о том, в какой степени все это возможно или невозможно, точно между ним и всеми этими мучительными недоразумениями возник непрозрачный экран и остались только Лиза и любовь — и больше ничего во всем огромном мире, существующем рядом с ним.

Похороны Пьера, мужа Лолы Энэ, были исключительно удачны и необычно для летнего времени многолюдны. Все многочисленные друзья и знакомые Лолы, большинство которых полагало, что ее брак был мезальянсом, и не любило Пьера при жизни, теперь как будто бы вдруг поняли, что это был замечательный человек. И брак Лолы, всегда осуждавшийся при жизни, получил, таким образом, общественную сочувственную санкцию, в которой были даже одобрительные ноты. Лоле пришлось выслушать множество соболезнований, чаще всего ей говорили: я не имел — или я не имела — счастья близко знать вашего мужа, но в те два раза, когда я его видел, он произвел на меня самое лучшее впечатление — и поверьте, я всецело разделяю... Лола кивала головой и отвечала: мой дорогой друг, я никогда не сомневалась в ваших чувствах... На похоронах были люди самых разных возрастов, преобладали, однако, старики, которых влекло туда двойное и противоречивое чувство: с одной стороны, неприятная мысль, что собственная смерть тоже не за горами и все, к несчастью, приближается; с другой — побеждающая эти грустные соображения и явственно ощутимая радость, что умер вот этот самый Пьер, а они остались живы; они вообще приходили на все похороны, чтобы получить совершенно неотразимое доказательство своего собственного, хотя и временного, бессмертия. Один из друзей Лолы, ее старший современник, который был бесконечно стар, но бодрился до последней степени и даже носил корсет, доставлявший ему постоянные мучения и тихо похрустывающий при каждом движении, автор книги, получившей некоторую известность пятьдесят шесть лет тому назад, в январе месяце того незабываемого года, академик и чрезвычайно почтенный человек со скромным седым париком на дрожащей голове, в начале церемонии сочувственно беседовал с Лолой и говорил, что все проходит; под конец он снова подошел к ней и на этот раз прибавил, что, как это ни грустно, — слезы стояли в его глазах, и он вообще устал и расчувствовался, — но вот, нельзя не констатировать, что многих из их с Лолой современников уже нет в живых; вот и этот бедный Пьер... Лола с неподвижно-грустным лицом внимательно его слушала, хотя он говорил совершенный абсурд, так как Пьер ни в какой степени не мог считаться их современником: во времена расцвета их славы его еще не было на свете; кроме того, разговор об этих давно прошедших

112

временах был вообще неприятен Лоле, так как напоминал ей о ее возрасте. Она обычно отвечала на такие вещи одной неизменной фразой: — Да, я едва помню это, я ведь была совсем ребенком, — и собеседнику ее оставалось только вежливо улыбнуться в ответ и вспомнить про себя, что у ребенка был в те времена уже пятнадцатый любовник, тративший на нее свои деньги и готовый драться из-за нее на дуэли по обычаю той безвозвратной и исключительно героической эпохи.

Множество автомобилей темного цвета следовало за похоронной процессией, и гармонию нарушала только одна светло-серая открытая машина, которой правил очень молодой человек в летнем костюме и без шляпы, с неподдельно огорченным лицом; зато рядом с ним сидела идеально траурная пожилая дама, очень подходившая к общему, несколько старинному и торжественнопокойному тону. Появление молодого человека и огорченное его лицо объяснялись тем, что его тетка, опоздав попасть в официальный кортеж и, по жестокой своей скупости, пожалевшая денег на наемный автомобиль, поймала его в ту минуту, когда он проезжал мимо угла той улицы, где она жила, и заставила везти себя на похороны: ему не оставалось ничего другого, и среди всех присутствующих он был единственным человеком, горе которого было совершенно искренне. — Lola Ainйe, ma tante? — сказал он. — Mais c'est une vieille toupie... — C'est une interprйte remarquable de Racine et de Corneille, — сказала тетка с негодованием, — etilfautavoir une grandeur d'вme, que est inconnue maintenant pour йtre б la hauteur de ces rфles. — Pour la grandeur d'вme, ma tante, — безутешно бормотал он, — je vous l'accorde, mais celle des spectateurs est encore pluse remarquable. — Tu n'es qu'un imbecile, — холодно сказала тетка, — suis donc ce triste enterrement et tais — toi.[56]

— На перекрестках шествие иногда задерживалось, молодой человек каждый раз едва не въезжал в едущий перед ним почтенный «ролсройс» и вместо того, чтобы выругаться, был вынужден проглатывать слова и, следуя совету тетки, прилично молчать.

---

[56] Лола Энэ, тетушка?... Эта старая вертушка... — Она прекрасный интерпретатор Расина и Корнеля... и нужно обладать величием души, которого теперь уже не сыскать, чтобы быть на высоте этих ролей. — Насчет величия души, тетя... я с вами согласен, но у зрителей оно должно быть еще более значительным. — Ты всего лишь болван... Побудешь на этих грустных похоронах и помолчи (фр.)

Лола была очень довольна похоронами и искренне рада, что все вышло так трогательно и хорошо. Та толпа, которая сопровождала гроб ее мужа, была составлена из поклонников ее таланта, это была все та же, только более приличная и сдержанная, foule qui'a toujours adorée...[57] Лола была настолько глупа, что никогда никакие сомнения по этому поводу не приходили ей в голову, и вместе с тем было очевидно, что людьми, пришедшими на похороны, руководили чаще всего самые разнообразные причины, нередко имевшие особенные и личные основания вне какого бы то ни было отношения к сочувствию Лоле в глубоком горе, которого она не испытывала. Здесь было несколько журналистов, которые, сразу разыскав друг друга, шли группой все вместе, и один из них, специалист по некрологам, рассказывал товарищам последние анекдоты, и они кусали себе губы, чтобы не смеяться; были люди — и их было очень много, — которым вообще было нечего делать и которые воспользовались возможностью побывать на похоронах; были такие, которые считали, что нельзя не быть на похоронах Пьера, как нельзя не быть на премьере в Опере и на скачках в Лоншан, и их было громадное большинство, и в глубине души наименее глупым из них были безразличны и премьера, и скачки, и похороны; были такие, которые пришли устроить свои собственные дела, пользуясь тем, что потом их никак нельзя будет обвинить в навязчивости — и такой удачный подход: дорогой друг, я никак не думал, что мы встретимся с вами в таких печальных обстоятельствах, какая ужасная смерть! Простите, но, между прочим, один вопрос: те акции, о которых вы так любезно... Был очень бойкий и очень хорошо, по-траурному одетый сорокалетний мужчина с сияющим лицом, выражение которого совершенно не вязалось с похоронами, — он один из первых подошел к Лоле и долго с ней разговаривал, усиленно здороваясь со всеми, и вообще действовал таким образом, что присутствие его никак не могло пройти незамеченным; говорил всем, что его жена, к сожалению, не могла прийти, так как нездорова; потом он скрылся с неожиданной быстротой и в самом конце процессии сел в последний автомобиль, в котором его ждала необыкновенно пышная блондинка лет двадцати двух, которая тихо сказала ему: — Alors on est libre, c'est fini les condoléances?[58] — и автомобиль сначала отстал, потом свернул направо и исчез.

Нельзя было сказать, чтобы Лола не готовилась к этим

---

[57] толпа, которая ее всегда обожала (фр.)
[58] Итак, свободен, с соболезнованиями покончено? (фр.)

114

похоронам; она примеряла много платьев, затем, оставшись одна в комнате, ходила особенной похоронной походкой и усиленно упражнялась, стараясь придать своему лицу нужное выражение, — торжественная церемония не застала ее врасплох; после похорон много говорилось и писалось о царственном достоинстве знаменитой артистки и о благородстве ее печали. Вместе с тем, в жизни Лолы не было, кажется, события, которое бы доставило ей столько удовольствия, сколько похороны ее мужа.

Все сразу изменилось в ее доме. Прислуга, привыкшая за последнее время подчиняться Пьеру, а не ей, стала вновь такой, как была раньше, до замужества Лолы, и потеряла то неуловимое пренебрежение в ответах и интонациях, которое так раздражало Лолу. «Бюгати» была срочно продана, и вместо нее появился «делаж», как две капли воды похожий на прежний, — с теми же мягкими и упругими подушками, с теми же чудесными рессорами, и, едучи в нем, Лола не ощущала того, что преследовало ее, когда она изредка ездила в низком «бюгати», — именно, что кто-то тянет ее за ноги вниз, и мотор всхлипывает и ревет после поворота, когда дергающаяся в неумелых руках Пьера машина скачками набирает скорость. По ночам опять стало тихо, исчезли многочисленные и случайные подруги Пьера, и в глубокой этой тишине Лола, просыпаясь, слышала иногда, как шумит ветер в деревьях сада, в который выходило окно ее спальни. Этот звук напоминал ей давно прошедшие, давно забытые, казалось, вещи: ее детство в деревне, дождливый летний вечер, звучное хлюпанье коровьих копыт по мокрой земле и удивительный и любимый запах навоза, с которым не могли сравниться никакие другие запахи. Она видела себя такой, какой она была, пятнадцатилетней деревенской красавицей, с упругими мускулами ног, на которых были сабо, с большими черными глазами, с белым и крепким телом, не знавшим в те времена ни одной операции. Она засыпала, улыбаясь этим воспоминаниям.

Она была теперь совершенно свободна; целыми днями просиживала в кресле, и когда ей хотелось спать, она опускала голову на грудь и засыпала, так как не было никого, перед кем ей нужно было притворяться. Она раскладывала пасьянсы, гадала на картах и даже позволила себе, в течение первой недели своей обретенной свободы, отступить от жестокой диеты — ела жареную курицу, мясной бульон, потом пообедала однажды вечером совершенно одна у Прюнье, который находился неподалеку от ее дома, и через несколько дней все-таки заболела, так что потом пришлось поголодать и принимать лекарства; но все это она переносила с легкостью, которая ее самое удивляла и объяснялась, конечно, инерцией того же прилива счастья, начавшегося в тот вечер, когда ей позвонили по телефону, сообщая о смертельной ране ее мужа.

Но как только прошло это первое, счастливое состояние, прежняя энергия опять пробудилась в Лоле. Она знала по длительному своему опыту, что не должна оставаться в тени, что как можно чаще ее имя должно появляться в газетах — все равно, по какому поводу. Она заказала несколько интервью, из последовательного чтения которых можно было заключить, что Лола не собирается, после пережитого потрясения, уехать отдохнуть на юг, в свою виллу возле Ниццы; что она остается в Париже, где усиленно работает над главной ролью в пьесе, которую не хочет еще называть; что она отклонила предложение крупнейшей американской фирмы, предлагавшей ей контракт в Голливуд; что она в ближайшем будущем уезжает в турне по средней Европе; что она уезжает в турне по Южной Америке; что она уезжает в турне по Северной Америке; что намечены ее выступления в Голландии; что, вопреки распространившимся слухам, она отказалась от проекта поездки в Румынию и Грецию. Никаких слухов о ней никто не распространял, но это опровержение несуществующих слухов было обычным ее приемом, и все эти интервью и сообщения не имели решительно никаких оснований, кроме судорожного желания самой Лолы не изгладиться вдруг не то чтобы из памяти современников, — это был свершившийся и непоправимый факт, так как большинства ее современников уже давно не было в живых и те, которые были, с ужасом ждали смерти и только об этом и думали, — а из памяти теперешнего общества, которое следовало за ней на расстоянии полувека. Затем, когда все эти возможности были исчерпаны, Лола начала свои личные выступления в печати, к которой, еще со времен первого своего покровителя, она питала почти такую же слабость, как к театру. Она, конечно, ничего не писала сама, она была для этого недостаточно грамотна, — у нее был постоянный сотрудник, которому она теперь вынуждена была платить деньги, что ее очень огорчало: еще несколько лет тому назад, не так давно, в сущности, она никогда не расплачивалась за услуги деньгами. Теперь ей пришлось примириться с тем, что времена изменились. Ее теперешний литературный псевдоним был молодой человек, делавший газетную карьеру и писавший небольшие статьи об искусстве; но так как статьи об искусстве давали незначительный доход, на который было невозможно прожить, то он специализировался на статьях депутатов, общественных деятелей, певцов и актеров; это была очень неприятная работа, особенно потому, что большинство людей, обращавшихся к нему, имело совершенно абсурдные представления о стиле и предъявляло требования, которые было бы невозможно выполнить, не рискуя вызвать насмешки читателей. Из всех своих клиентов он очень ценил только одного — старого сенатора, который ему говорил: — Écoutez, mon petit,[59] — и заказывал статью на какую-нибудь тему, причем не только не требовал, чтобы она была написана так, а не иначе, но даже и не читал ее до сдачи в печать: прочитывал начало уже в газете или журнале, причем и тут у него никогда не хватало сил дочитать до конца. Он смотрел на мутные буквы, разбирая несколько первых фраз, и потом неизменно говорил: — Прелестно, мой юный друг, прелестно, — и платил лучше всех других; и то, что печаталось за его подписью, его совершенно не интересовало. В кругу людей, читавших его статьи, он считался проницательным и смелым политиком, неустанно следившим за всеми изменениями текущей действительности. Вначале выполнять такую работу было неприятно, потом сотрудник Лолы настолько к этому привык, что совершенно не удивился, когда узнал, что унылый и лысый мужчина с измятым и усталым лицом, которого он часто встречал в редакции одной из крупных газет, и был, оказывается, той самой Mathilde Marigny, которая давала многочисленные советы читательницам по самым разнообразным вопросам, начиная с ухода за лицом и телом и кончая любовными невзгодами и недоумениями: «Я думаю, что мой муж изменяет мне, — должна ли я оставить его и уйти с моим ребенком к человеку, который доказал мне свою любовь неоднократно?..»

Лола встретила его с деловым видом, сказала, что им нужно поговорить, и вдвоем они стали обсуждать планы ее газетных выступлений. Дело было в том, что Лола, наконец, решила осуществить свою давнишнюю мечту — написать мемуары. Сотрудник ее — его фамилия была Дюпон — неуверенно кашлянул: этот род работы был особенно неприятен.

— Я очень польщен вашим доверием, мадам, — сказал он, — но...

— Условлено, условлено, — быстро сказала Лола. — С вашим талантом...

---

[59] Слушай, моя крошка (фр.)

— Дело в том, что, боюсь... в конце концов, у меня так мало времени...

— Но, мой милый друг, это так нетрудно. Я все расскажу, все, все, все, понимаете?

— Мне кажется...

— Уверяю вас, что это будет работа, которая, кроме удовольствия, вам ничего не доставит.

— Я в этом не сомневаюсь.

— Ну вот. А с издания книги вы получите процентное отчисление от издателя.

Но от этого Дюпон отказался самым категорическим образом. Он настаивал на том, что хочет иметь дело только с Лолой; и как это ни было ей неприятно, она вынуждена была согласиться. о содержании книги мемуаров Лолы разговор должен был произойти позже, через несколько дней. В ближайшее же время следовало подготовить для печати, во-первых, нечто вроде пространнейшего письма в редакцию, в котором Лола выражала бы свою благодарность всем, кто пришел на похороны ее мужа; во-вторых, статью «Почему я пишу свои мемуары». Через два дня текст обеих статей был представлен Лоле; она сделала в них некоторые поправки, но, в общем, осталась довольна. Первая статья, редактированная в сдержанно скорбных выражениях, заключала в себе наиболее приятную для Лолы фразу о том, что люди привыкли считать, будто знаменитости как-то не так живут и страдают, как простые смертные: «Helas! nous ne sommes, nous autres, que de simples mortels, doués peut-étre d'un pouvoir qui...»[60] — и так далее; одним словом, все было хорошо и трогательно — все вплоть до благодарности газете, которая это поместила, за «великодушный жест»... Особенно приятно было то, что в том же номере появилась последняя по времени статья знаменитой писательницы о Лоле, — но это выяснилось лишь позже и было результатом случайности. Наконец, «Почему я пишу свои мемуары» — была статья, написанная с некоторым косвенным вдохновением Дюпоном, который в тот день был, по-видимому, в ударе. «Мы представляем из себя хронологически непостижимое соединение двух эпох, столь, казалось бы, различных; и этому неповторимому соединению суждено быть раскрытым только в том случае, если мы решимся снять с себя наши театральные одежды и предстать перед вами, дорогие читатели, такими, каковы мы в действительности. И вы

---

[60] «Увы! Мы не такие, мы иные, мы простые смертные, нам, может быть, дана некая власть, которая...» (фр.)

убедитесь тогда, что многочисленные и воображаемые драмы некоторых исторических женщин, которые вы привыкли себе представлять воплощенными в нашей интерпретации, — что они не прошли, быть может, бесследно; и в одном повороте головы я ловлю себя на том, что это — жест Сафо, и в резко вытянутой руке — поза Селимены...»

Работа над мемуарами очень интересовала Лолу — она сводилась, правда, с ее стороны только к подробному рассказу, и Дюпон лишь говорил время от времени: да, понимаю, конечно... — и делал заметки в своем блокноте. Жизнь Лолы была представлена как ровное в своей неизменной гениальности существование, лишенное каких бы то ни было скользких мест. На этом настоял Дюпон, исключивший из рассказов Лолы все сколько-нибудь рискованные пассажи; и хотя получилось несколько странное положение, при котором выяснилось, что до брака с Пьером Лола знала лишь платоническую любовь к некоторым замечательным людям, основанную на взаимной страсти к искусству, и хотя должно было показаться неправдоподобно, что она до старости, в сущности, оставалась девственной, — настолько, что сама Лола заметила это и сказала это Дюпону, — он все же настоял именно на такой редакции мемуаров. — Все поймут, что и у вас должны были быть увлечения, — сказал он, — но оценят вашу скромность. — Нет, нельзя же так преувеличивать, — заметила Лола. — Все поймут, что это невозможно, — спокойно возразил Дюпон, — но зачем же на этом настаивать? Ведь мы не пишем, что окна существуют для того, чтобы пропускать свет, отворяться и затворяться; мы не теряем времени, чтобы объяснить это читателю, мы надеемся, что он это знает сам. Здесь то же самое, мадам. — Зато Дюпон много раз описал заходы и восходы солнца в Оверни, где молодая девушка, глядя с террасы дома, в котором она родилась, мечтала о Париже и о счастье. Семья Лолы сразу разбогатела в мемуарах, и родители ее из обыкновенных крестьян превратились в помещиков. В воображении Дюпона возникло — и переселилось в мемуары Лолы — множество никогда не существовавших и чаще всего трогательных людей: старый учитель французской литературы, говоривший ей: дитя мое, берегите ваш удивительный дар; мэр ближайшего города, плакавший в день любительского спектакля при ее появлении на сцене; тетка, которую Лола помнила морщинистой пожилой женщиной с грубыми руками и которая ее учила, как надо себя вести в Париже с хозяевами, превратилась в светскую красавицу, удалившуюся на покой в свои овернские владения оплакивать смерть своего горячо любимого мужа. Дойдя до Парижа, повествование приняло совершенно патетический тон. Здесь во многом взгляды Дюпона и Лолы совпадали, они оба считали, что Париж — лучший город в мире, и им обоим казалось, что оттого только, что какое-либо событие происходит в Париже, оно тем самым приобретает особенное значение, которого не имело бы, если бы случилось в другом месте. Речь шла преимущественно о театральных премьерах, об успехах Лолы, о том, как тот или иной человек, чаще всего государственный деятель или президент, приходил с громадным букетом цветов и благодарил Лолу за ее выступление. Особенно много писалось об умерших людях, которые не могли опровергнуть ничего решительно. Но, несмотря на праздничные описания этой театральной жизни, Дюпон не мог не заметить, что все получалось несколько монотонно и запас торжественных слов, из которых чаще всего повторялось слово «триумф», давно уже истощился. Тогда он прибегнул к новому приему — вовлечение во все это простых людей; и вот появились маляры и плотники, которые отказывались брать с Лолы деньги за отделку ее квартиры, консьержки, прачки, трубочисты — и извозчики, которые тоже бесплатно возили ее.

Книга Лолы должна была произвести впечатление одновременно — интереснейшего мемуарного материала и вместе с тем стилистического шедевра. Сама Лола была очень довольна ею. Дюпон работал по-многу часов в день. Выходило, однако, хотя в общем хорошо, но не замечательно, и он не мог понять причины этой частичной неудачи.

Она заключалась в том, что он не любил и презирал Лолу — и сам был убежден в полной ее бездарности. В этом для него не могло быть сомнения. Он знал уже давно — в его литературной работе ему нередко приходилось сталкиваться с этим, — что множество очень знаменитых и почтенных людей ни в какой степени не заслуживали ни своей репутации, ни своей славы. В большинстве случаев было даже непонятно, каким образом могло возникнуть и продолжаться в течение десятилетий то недоразумение, в силу которого, например, Лола считалась замечательной артисткой, такой-то — прекрасным ученым, такой-то — великим писателем. В очень ограниченном круге, среди профессионалов, оценки были правильны и беспощадны, но они никогда или почти никогда не доходили до широкой публики, которая слепо верила всему, что писалось. Дюпон не сомневался, что мемуарам Лолы, которые он придумал сам, будут так же верить, как всему остальному, и его иногда, когда ему удавалось отрешиться от

120

своих непосредственных забот, очень огорчало — так как он был еще молод — это удивительное отсутствие понимания у читателей и слушателей. Вместе с тем, ведь очевидно, что Лола была очень дурной актрисой, даже не понимавшей того, что она играла. Правда, никто не плакал от волнения на ее спектаклях, но все признавали ее громадный талант. Откуда? Почему? Он этого не мог понять.

Он описывал ее в условно-торжественных тонах, чувствуя, однако, что жить так, как жила в его мемуарах Лола, не могла бы ни одна женщина — это было невозможно. Но этого никто не заметит, никто; и сама Лола, совершенно забываясь, говорила Дюпону: — Я удивляюсь, дорогой друг, как вы хорошо поняли всю мою жизнь, — и он вежливо улыбался в ответ, хотя ему хотелось сказать, что он описывает нечто похожее на раскрашенный картон и что поэтому ее любезные фразы заранее лишены какого бы ни было смысла.

Но Лола мало-помалу проникалась мыслью о том, что ее жизнь действительно была такова, какой ее писал Дюпон. Она знала, конечно, что фактическая часть книги содержала в себе много неточностей — в частности, особенно туманной ей казалась первая глава, посвященная ее детству, да и в остальном все было совсем не так, как в книге. Но здесь впервые она очутилась как бы перед своим собственным психологическим портретом. Она никогда не задумывалась над тем, что она из себя представляет, чем ее жизнь отличается от жизни других людей, — что такое смерть, что такое желание, что такое страсть, — все эти вещи, которые всегда волновали людей, ей не приходили в голову. То внутреннее «я», о котором она иногда читала и которое нередко фигурировало в пьесах ее репертуара, у нее просто не существовало. Она начинала резко реагировать на что-либо только тогда, когда оно приносило ей ощутительный вред: она могла считать, что такой-то антрепренер плохой человек, так как не сразу заплатил ей деньги; что такая-то актерка дурная и развратная женщина, так как благодаря интригам получила роль, которую должна была играть она, Лола; но, как в политике и в общественной жизни, так и во всем остальном, то, что ее непосредственно не касалось, не вызывало в ней никакого отклика, — хотя бы это были самые замечательные или самые возмутительные события. У нее точно так же совершенно не было того, что в прерывистых формах проявлялось у других людей и что они называли принципами, убеждениями, взглядами, вкусом, всеми этими словами, которые оказывались идеально бесполезными в применении к Лоле. Дюпон убедился в этом, подолгу слушая ее рассказы, и каждый раз, выходя от Лолы, он не мог отделаться от трудноопределимого, но чрезвычайно неприятного чувства, над которым ему не хотелось даже задумываться. Но, работая над мемуарами Лолы, он должен был поневоле возвращаться к этому, и в один прекрасный день он понял, как ему показалось, все до конца. Он не мог в тот вечер работать и ушел из дому, продолжая думать о том, что такого страшного примера душевной нищеты ему никогда еще не приходилось видеть. Он думал об этом почти с ужасом: такая долгая жизнь без единой мысли, без какого бы то ни было сомнения, без секунды понимания! Лола казалась ему холодным и глупым животным, достаточно выдрессированным, но не приобретшим от этого ничего человеческого. Все, что она говорила, состояло из шаблонных и неправильных выражений, которые она когда-то прочла в газетном фельетоне или вспомнила из чьего-то разговора.

И вместе с тем, в своих мемуарах она должна была казаться другой, и Дюпон с некоторым увлечением описывал эту, никогда не существовавшую женщину, и картонная ее прелесть доставляла ему известное удовольствие; она приобрела черты конфетной красавицы, появлявшейся то в поле, то в лесу, то в парижских салонах, то на сцене — со своим раз навсегда раскрашенным и, в сущности, мертвым лицом; только это была веселая покойница — в отличие от настоящей Лолы, у которой вместо души была холодная дыра. Несколько раз Дюпон, несмотря на то, что ему уже много лет пришлось быть профессиональным фальсификатором и писать самые разнообразные вещи, начиная от политических речей противоположного содержания и кончая статьями об археологии, балете, театре, живописи, музыке, и подписываться самыми разнообразными и преимущественно знаменитыми именами, — несмотря на то, что это именно он, Дюпон, написал две толстых политических книги и полторы тысячи передовых, не считая множества устных выступлений, одним словом, вынес на себе всю политическую карьеру одного богатейшего человека, который был не более грамотен и умен, чем Лола, и никогда не мог написать более или менее толковой фразы, а о социальных доктринах не имел даже отдаленного представления, но издавал газету и занимался общественной деятельностью, довольно бурной, до тех пор, пока не умер в один прекрасный день от разрыва сердца, — несмотря на этот свой опыт, Дюпон несколько раз хотел отказаться от продолжения мемуаров Лолы. Он отказался бы, но его дела не позволяли это сделать — он, как всегда, сидел без денег. Со злобой думал он иногда о том, что в смысле интеллектуальной ценности он один стоит двух десятков знаменитостей — он это твердо знал, — и, тем не менее, они существовали благополучно и наслаждались результатами его работ: «Ваша последняя статья, дорогой мэтр, несмотря на то, что мы привыкли, казалось бы, к неисчерпаемой щедрости вашего гения...» — гением и автором статьи был Дюпон, которому едва подавали два пальца, — и он, которому они были обязаны всем, был вынужден чуть ли не украдкой выходить из дому, чтобы избежать неприятного разговора с консьержкой, так как за квартиру было не уплачено уже пятый месяц. Сидя в кафе и глядя на окружающих с ожесточенной рассеянностью, он мечтал о том, что когда-нибудь напишет книгу и в ней отомстит всем этим людям, которые теперь эксплуатировали его, и расскажет все, что он знает, и тогда читатели убедятся в хрупкости и неверности всех лестных эпитетов и так называемой мировой известности. Из всех его многочисленных клиентов он по-настоящему хорошо относился только к своему сенатору, который, действительно, был милым стариком. Остальных он презирал, иногда в их статьях он позволял себе колкости и выпады против них, то есть против самого себя, но это замечали только его товарищи по работе, такие же интеллигентные пролетарии, как он сам, — и для них не существовало ни знаменитостей, ни неподкупных людей, ни всего того, что вызывало восторженные отклики в так называемом общественном мнении, которое эти обездоленные и озлобленные люди считали проявлением коллективного идиотизма.

Лола настояла на том, чтобы вне всякой хронологической последовательности Дюпон немедленно включил в мемуары ее роман с Пьером. Он должен был начать с того, как во время своих выступлений она неизменно видела его бледное лицо с горящими, устремленными на нее глазами, — он был очень беден, покупал на последние деньги билеты в самых задних рядах, но не пропускал ни одного спектакля с ее участием, и вот она не могла не обратить внимания на эти горящие глаза.

— Помилуйте, — сказал Дюпон, — если он сидел в последних рядах, то как же вы могли рассмотреть в полутемном зале его лицо? Это надо изменить.

— Хорошо, — сказала Лола, — можно посадить его ближе. «Он был беден, но на последние деньги...»

— Нет, это невозможно, — сказал Дюпон, теряя терпение, — сколько же у него было в таком случае последних денег для того, чтобы каждый день сидеть в первых рядах? Стало быть, он не мог быть беден.

— Но он был действительно беден, — простодушно сказала Лола.

— Да, конечно, я понимаю. Но тогда нужно сделать это иначе.

— Хорошо, — согласилась Лола, — тогда мы просто напишем, что я заметила его горящие глаза и что он каждый день бывал в театре, а о том, что он был беден, напишем потом.

Дюпон едва сдерживал себя — он все-таки никогда не сталкивался с таким упорным непониманием элементарных вещей; даже покойный государственный деятель, известный своей легендарной глупостью, был более сообразителен. Он вздохнул и стал пространно объяснять Лоле, почему так написать нельзя. Но Лола вдруг обиделась и стала твердить, что это просто его каприз и что, в конце концов, он может делать, как хочет. Дюпон понимал, что она давно, может быть, уже несколько недель, мечтала об этой части мемуаров, об этом убогом великолепии «бледного лица и горящих глаз» и что ей было до слез жаль расстаться с этим. Но в этом он ошибался.

Через час оживленного и непрекращающегося разговора они сошлись на том, тоже, в сущности, маловероятном, положении, что Пьеру досталось небольшое наследство — гроши, каких-нибудь десятьдвенадцать тысяч франков — и что он, в тот период, когда Лола заметила его горящие глаза, тратил их на то, чтобы не пропустить ни одного ее выступления, — и Лола осталась очень довольна Дюпоном и сказала ему несколько комплиментов о его уме и знании женской души.

Лола, однако, все чаще и чаще вспоминала о Пьере — и тот факт, что она торопилась включить его в свои мемуары, отнюдь не был случайным. Если бы она умела анализировать свои чувства и хоть сколько-нибудь разбираться в них, она бы заметила, что память ее тщательно избегала всех неприятных сторон ее жизни с Пьером. Вместе с тем, неприятным было почти все, а приятным очень немногое, и именно об этом немногом она и вспоминала. Неожиданно для себя самой, однажды ночью, вспомнив о нем, она прослезилась. Через некоторое время даже Дюпон заметил в ней какую-то несомненную перемену в выражении глаз и лица, и причины ее он никак не мог понять, но не очень задумывался над этим, потому что это его не интересовало; он только с облегчением констатировал, что с Лолой легче стало сговариваться. Она сама этого изменения в себе не знала и в этом вдруг стала похожа на других женщин, которые упорно не хотят признавать, что возникшее в них чувство заставляет их видеть все другими глазами, чем до сих пор, — им кажется, что в этом есть нечто унизительное, нечто уменьшающее их замечательность, и, сколь это ни было бы очевидно, они продолжают это отрицать.

Лоле ничего отрицать не приходилось, с ней никто по этому поводу не говорил; но было, тем не менее, несомненно, что, в силу какой-то нелепой и невероятной случайности, в ней теперь с совершенной, казалось бы, неправдоподобностью возникла любовь к Пьеру, которой не было при жизни. Она родилась из бессознательной и глубокой благодарности к этому человеку за то, что он умер и таким образом вернул ей свободу и отдых, которых она была лишена так долго. И так как теперь он ничем уже не мог ее стеснить и, перестав быть живым человеком, сделался украшением ее трогательного романа в мемуарах, она впервые, как ей казалось, поняла, что это был действительно настоящий роман. — Если бы вы знали, как я любила этого человека! — сказала она Дюпону и была при этом искренна: в ту минуту она говорила с убеждением. — У него были некоторые мелкие недостатки, конечно, но у кого их нет? — Дюпон в сотый раз с раздражением заметил, что девять десятых фраз, которые произносила Лола, были общими местами. — Но он так любил меня!

И вот теперь, в первый раз за очень много лет, Лола начала переживать этот посмертный и чудовищный по своей неестественности роман. — Le pauvre petit![61] — неизменно говорила она, когда речь заходила о Пьере. Мало-помалу в ее воспоминаниях и в ее рассказах Пьер совершенно изменился, перестал пить, перестал развратничать, стал вежлив, нежен и мил; и загробная его привлекательность все увеличивалась. — Я думаю иногда, — говорила Лола, — что я — как некоторые редкие люди, которые любят раз в жизни. Да, конечно, у меня бывали увлечения, но у кого их не было? Но любила я только Пьера — и вот я все не могу привыкнуть к мысли, что его нет в живых. Le pauvre petit!

Несмотря на крайнюю свою скупость, которая стала проявляться в ней, однако, только в самые последние годы, точно это был такой же признак старости, как седые волосы или атеросклероз, — до этого она была расточительна и небрежна в деньгах, чем и объяснялось то, что она была сравнительно небогата, — она заказала роскошный памятник

---

[61] Бедный малыш! (фр.)

Пьеру с надписью: «Моему дорогому супругу от простого и верного сердца Лолы Энэ».

И вот так же, как меняется лицо и выражение глаз человека, когда для окружающих становится ясно, что он должен умереть, с такой же несомненностью в Лоле произошло глубокое и последнее перерождение, особенно поразительное для ее возраста. Дюпон, приходивший к ней каждый день, с удивлением заметил, что от прежнего его раздражения не осталось и следа, и свой очередной визит к ней он перестал рассматривать как неприятнейшую обязанность. Однажды, когда она наливала ему кофе, — он писал в это время в блокноте, — и сама размешала ему сахар в чашке, у него вдруг мелькнула мысль, которая в прежнее время показалась бы дикой, что эта женщина, в сущности, могла бы быть его матерью. Было впечатление, что в мертвом ее облике вдруг стали проступать человеческие черты. Во всяком случае, все, кому приходилось с ней встречаться в это время, не то чтобы заметили происшедшую с ней перемену — для этого они были слишком ненаблюдательны и, как громадное большинство людей, вообще думали слишком мало и редко, — но почувствовали ее; и когда они потом говорили друг другу, что каждый из них нашел Лолу очаровательной, в этом было нечто более искреннее и соответствующее их подлинным впечатлениям, чем всегда.

С Лолой произошло то, что произошло бы с другим, очень старым человеком, который в последней части своей жизни, во время долгих старческих досугов, обдумал и вспомнил всю свою жизнь и пришел к некоторым выводам, единственно возможным: что нужно, прежде всего, прощать людям их невольные дурные поступки, не нужно никого ненавидеть, нужно знать, что все непрочно и неверно, кроме этого тихого и приятного примирения, этой нетребовательной любви и нежности к ближним, независимо даже от того, заслуживают ли они их или не заслуживают. Лола теперь вела себя именно так, как если бы она поняла все эти вещи, но разница заключалась в том, что она об этом не думала; и как всю свою жизнь она действовала и говорила, не размышляя, а подчиняясь какой-то внутренней необходимости и не зная, в сущности, почему она действует так, а не иначе и, в общем, правильно для достижения выяснявшейся лишь потом цели, так и теперь никакие мысли не предшествовали этому изменению в ее манере жить и в обращении с людьми.

Это был ее последний и поздний расцвет, и человек, который захотел бы иметь о Лоле сколько-нибудь правильное суждение и изучил бы всю ее жизнь, но не знал бы о нескольких последних месяцах ее существования, получил бы неправильное и одностороннее представление о ней. И для того, чтобы это произошло, нужно было, оказывается, чтобы прошло много лет ее бесконечно длинной жизни, чтобы ни один год не оставил в ее существовании никакого следа и чтобы, наконец, самое страшное и непостижимое явление смерти прошло рядом с ней и, избавив ее от присутствия ненавистного и, в сущности, случайного человека, вдруг освободило бы одновременно с этим то, что в ней было неизменно человеческого и о чем нельзя было бы узнать, если бы не было этой смерти. Это было похоже на то, как в очень старом и глухом здании, в лесу, на берегу моря, ночью вдруг отворили бы годами запертое окно — и в мертвую тишину вдруг проникли бы многочисленные, до сих пор не видимые и не слышимые вещи: синее звездное небо, вечный бег океанской волны, крик неизвестной птицы, шум листьев на ветру, стремительный полет нетопыря.

И это не могло не повлечь за собой совершенной и резкой перемены всего уклада ее жизни и невольного и безболезненного отказа от всех прежних ее взглядов. Она продолжала еще принимать многих людей и выезжать, но и выезды, и приемы становились все реже и реже. Она читала по-прежнему отчеты о спектаклях, премьерах, концертах, но те отзывы, которые еще несколько месяцев тому назад вызвали бы в ней возмущение, оставляли ее теперь почти равнодушной — так же, как упоминание ее собственного имени, которого раньше она ждала с нетерпением. Когда ее спросили как-то о судьбе мюзик-холла, она ответила, что это еще не решено, и тогда же поняла вдруг, что она никогда мюзик-холла не откроет, потому что ненужность его была теперь для нее совершенно очевидна, хотя она ни разу не думала об этом.

Но работу над мемуарами она продолжала по-прежнему; и Дюпон, поддавшись ее теперешним настроениям, стал писать несколько иначе, чем писал до сих пор, и Лола, та самая деревянная Лола, на которую он до сих пор ни в коем случае не мог рассчитывать как на сотрудницу или помощницу, диктовала ему целые страницы; окончательная их отделка была, конечно, необходима, но в общем эти последние главы были написаны ею. Дюпона поразила в них ее неожиданная наивность; и он неоднократно задумывался над странной теперешней судьбой этой женщины. При каждом упоминании о Пьере ее глаза наполнялись слезами; и сила этого совершенного превращения презрения и ненависти к нему в сожаление и любовь была настолько велика, что, если бы ктонибудь сказал Лоле, что она боялась и не любила этого человека, она никогда не поверила бы этому. Как всегда и для всякого человека в тех случаях, когда он имеет дело с воспоминаниями и когда он сам находится во власти внезапного перерождения, вызванного проявлением какого-либо могучего чувства, для Лолы было совершенно ясно, вопреки фактам, очевидности и всему, что ничем нельзя опровергнуть, что не было ни недоразумений, ни ненависти, а была любовь и внезапная, беспощадная смерть.

Но одновременно со всеми этими изменениями здоровье Лолы, — состояние которого до этого времени было, в общем, нормальным, и ее недомогания были совершенно естественны для ее возраста, — стало не тем, каким было до сих пор. Никаких катастрофических изменений, в сущности, не произошло; все было, казалось бы, попрежнему, но она начинала быстрее уставать, и то, что обычно ее не утомляло, теперь вызывало мгновенную слабость. Во время ежедневных прогулок в Булонском лесу она проходила вдвое меньшее расстояние, чем раньше; и однажды шофер, обес-покоенный ее ненормально долгим отсутствием, отправился ее разыскивать и нашел недалеко на скамейке: она спала, уронив голову на грудь, выпустив из рук свою сумку, и лицо ее было настолько неподвижно, что его охватил невольный страх, не умерла ли она. Он постоял несколько секунд, не шевелясь, внимательно глядя на нее: грудь ее ровно поднималась и опускалась. Тогда он кашлянул, но Лола продолжала спать. Он, наконец, решился разбудить ее, громко обратившись к ней несколько раз, и она открыла глаза и сказала с улыбкой: — Мы, кажется, заснули? — Потом со вздохом медленно поднялась и пошла к своему автомобилю.

Прошло еще немного времени, и стало совершенно ясным, что даже при самом сильном желании Лола уже не могла бы выступать на сцене. Она не думала об этом, потому что незаметно для нее самой и бессознательно, как все, что с ней происходило, сцена отошла в далекое прошлое, и она перестала вспоминать о ней. Было очевидно и выходило само собой, что надо вообще покинуть свою ненужную теперь громадную квартиру и жить скромнее, чем прежде. Оставалось только уладить все финансовые дела и подвести итоги тому, сколько денег было прожито и сколько, в конце концов, оставалось. У нее могло быть значительное состояние, но в прежние времена она слишком широко тратила деньги и прекратила эти траты только в самые последние годы. Она выяснила после длительного подсчета, что оставалось у нее до удивительного мало — меныле двухсот тысяч франков. У нее был последний ресурс, которым она уже очень давно решила воспользоваться только в случае крайней необходимости и происхождение которого было не совсем обычно.

Это было больше тридцати лет тому назад, во время ее короткого романа с одним из знаменитых в те времена лондонских банкиров, уже немолодым человеком, очень в нее влюбленным. Он предлагал ей тогда все — свое имя, свою жизнь, свое состояние, все, что она захотела бы. Она, смеясь, отвечала ему, что ее имя лучше, чем чье бы то ни было, что его жизнь ей не нужна и что те деньги, которые он ей мог бы предложить, ее тоже не соблазняют, — она достаточно богата.

— Хорошо, — сказал он, — но вы подумали, что с вами будет потом, когда ваше имя забудут и вам останется только старость и бедность?

— Я умру молодой, — сказала она, — и не все ли мне равно, что будет после моей смерти?

Но его готовность сделать для нее все тронула ее; она стала его любовницей, не любя его, только чтобы доставить ему удовольствие. Через две недели, уезжая, он сказал ей, что знает: она не любит его, и с этим он бессилен бороться. — Но вы лучше, чем вы думаете, — прибавил он, — и я не хочу, чтобы вы считали меня неблагодарным.

И он объяснил ей, что, когда она захочет, в лондонском банке, адрес которого он ей дал, в любой день по личному ее требованию ей выдадут сумму денег, которую он оставит для нее, на ее имя. — Вы неисправимый банкир, — сказала она, — все в вашем представлении сводится к чекам и банкам. Мне не нужны ваши деньги.

И он уехал. Он умер лет через пять после этого от рака, и Лола никогда больше не видела его. Но она знала, что свое обещание он сдержал, — ей из банка было своевременно прислано уведомление, что деньги, положенные на ее имя таким-то, находятся в ее распоряжении. С тех пор прошло очень много лет, теперь она вспомнила об этом, и для того, чтобы раз навсегда избавиться от денежных забот, она решила поехать в Лондон и получить то, на что имела право, — за один случайный поступок, совершенный ею больше четверти века тому назад.

Была уже середина сентября, желтые листья лежали на тротуарах парижских бульваров, по утрам стоял иногда холодок. Все лето Сергей Сергеевич- за исключением первых полутора недель — провел в разъездах: был в Швеции,

Норвегии, Финляндии, несколько раз в Англии, — поезда, автомобили, бюро, бюро, автомобили, поезда. Времени поехать на юг, как он сначала предполагал, у него не оказалось. В Париже все лето почти безвыездно прожил Слетов, который немного пополнел, совершенно оправился от своих сентиментальных потрясений и завел несколько знакомств; но ни одно из них, однако, не играло пока что решительной роли. Он жил один в квартире Сергея Сергеевича, успел привыкнуть к спокойному и комфортабельному существованию и опять, как в прежние времена, через разные промежутки времени начинал мечтать о постоянных вещах: службе, квартире, жене, детях, о небольшом уютном мирке, центром которого был бы именно он, Федор Борисович Слетов. Шестнадцатого числа вечером, когда он сидел в кабинете Сергея Сергеевича и читал, в доме вдруг началось непривычное движение, отворилось и затворилось несколько дверей — и в кабинет вошел Сергей Сергеевич, который сделал вид, что удивился, увидев Слетова.

— Ты что же, Федя, все без любви? — спросил он, улыбаясь своей всегдашней улыбкой и пожимая руку Слетову. — Тебе не кажется, что в этом опустевшем мире...

— Удивительный ты человек, Сережа, — сказал Слетов, — и явно ненормальный, не знаю, известно тебе об этом или нет.

— Я, признаться, сам это подозревал, но, наверное, по другим причинам, чем ты. А в чем, по-твоему, моя ненормальность?

— Да вот, ты можешь явиться с другого конца света после долгой разлуки, и я знаю заранее, безошибочно, что первые твои слова будут насмешкой. Понимаешь? Не приветствием, не выражением радости, а именно насмешкой. Ну, вот другой человек скажет: дорогой мой, здравствуйте, как поживаете, я так рад вас видеть и т. д. А ты скажешь: здравствуйте, почему у вас такой идиотский вид? Не буквально, конечно, но приблизительно.

— Ну, хорошо, мы обсудим это потом. А вообще, что нового?

— Фактически, собственно, ничего. Но ты знаешь, мне кажется, что я начал впервые понимать некоторые вещи.

— Память, память, — быстро сказал Сергей Сергеевич.

— Что память?

— Тебя обманывает. Ты забыл, что ты их раньше тоже понимал.

— Нет, не понимал.

— Понимал, понимал. Каждому состоянию души соответствует известное мировоззрение, которое... Понимаешь?

130

Другому — другое, а тебе кажется, что это впервые, потому что память со всем этим связана и есть только один из факторов, а не самостоятельная величина — ты не думал об этом? Это элементарно. Но неужели так-таки ни одной встречи?

— Нет, встречи, конечно, были, — сказал Слетов, виновато улыбаясь, — но, так сказать, без последствий, знаешь, только беглые, случайные впечатления.

— Я лично не теряю надежды. В общем, ты счастливый человек.

— Почему?

— Потому что тебе, например, не нужно разбирать корреспонденцию, а я этим сейчас займусь.

Но он не успел выполнить своего намерения, потому что, как только Слетов вышел из кабинета, раздался телефонный звонок. Сергей Сергеевич взял трубку и услышал знакомый голос:

— Алло! Сережа?

— Это ты, моя милая, — сказал Сергей Сергеевич, — откуда ты звонишь?

— Из гостиницы, я сейчас буду.

— Хорошо, жду.

Через десять минут вошла Ольга Александровна. Лицо ее очень загорело, в темных глазах стояла застывшая нежность.

— Рад тебя видеть, — сказал Сергей Сергеевич. Веселые его глаза были возле ее лица, он несколько раз поцеловал Ольгу Александровну в щеки и в лоб. — Вот мы и вернулись, слава Богу. И такая же красавица, и такая же непонятная женщина. С вещами все благополучно?

— Сережа, — сказала Ольга Александровна, — я приехала для очень серьезного разговора.

В ее голосе была такая непривычная интонация, что Сергей Сергеевич не мог этого не заметить.

— Что-нибудь действительно серьезное?

— Да, Сережа, ты должен мне дать развод.

— Я надеюсь, Леля, ты не сомневаешься в моем хорошем отношении. Расскажи мне, пожалуйста, в чем дело. Ольга Александровна объяснила Сергею Сергеевичу, что до сих пор ее жизнь состояла из ошибок, — прямо классицизм какой-то, — сказал Сергей Сергеевич, — но что, вот, теперь наступил перелом; она не та женщина, которой была. — Ты знаешь, Леля, теперь это дело прошлое, — та, другая, была очень милая женщина. Но Ольга Александровна продолжала. Она говорила о том, что теперь ей предстоит новая жизнь, требующая от нее полного, абсолютного участия. Жить на два дома она больше не может. Она должна выйти замуж. Сергей Сергеевич останется ее другом, как всегда, в этом не будет никаких изменений. — Ты все это действительно обдумала? — о, много раз — и все решено, Сережа. — Мне очень жаль. Хорошо, пусть будет по-твоему. Но ты действительно подумала обо всем? — Да, да.

— Можно один вопрос?

— Конечно.

— На какие деньги ты будешь жить? Твой будущий муж достаточно обеспеченный человек?

Темные глаза Ольги Александровны смотрели на Сергея Сергеевича с упреком; но, помимо упрека, в них было еще другое, труднообъяснимое выражение. Она молчала, Сергей Сергеевич тоже ничего не говорил. Наконец она сказала:

— Нет, Сережа, что угодно, а в этом я не могла ошибиться.

— Ах, Леля, ты сама говоришь, что вся твоя жизнь состояла из ошибок.

— Да, но не таких.

— Я заранее допускаю, — сказал Сергей Сергеевич, — что твой будущий муж замечательный человек. Не так ли? — Да.

— Прекрасно. Но другие — мы сейчас вдвоем, Леля, мы можем говорить откровенно — были тоже замечательные. Однако у них всех была одна поразительная особенность, которой ты не знала.

— Опять эта ироническая философия, Сережа. Проснись же, наконец, пойми, что мы не шутим. Когда ты будешь умирать, ты тоже будешь насмешливо рассуждать?

— Не знаю, Леля, не думаю. Но особенность эта стоит того, чтобы о ней упомянуть.

— Ну?

— Она заключается в том, что все эти люди любили главным образом и искреннее всего не тебя, как это казалось на первый взгляд, а меня.

— Что такое?

— Ну да, меня. То есть не меня лично, если хочешь, а меня как человека, у которого ты берешь деньги, которые ты им даешь. Понимаешь? И исключений не было. Я не хотел тебя разочаровывать. Выходить замуж, однако, ты собираешься в первый раз за все время. Хорошо, выходи, но скажи твоему жениху, что денег у тебя нет.

Ольга Александровна сидела совершенно подавленная и не знала — верить или не верить словам Сергея Сергеевича. Но огорчало ее не то, что в дальнейшем она будет лишена средств к существованию, а что Сергей Сергеевич мог даже заговорить об этом.

— Это ничего не изменит, — наконец сказала она.

— С твоей стороны, конечно. Но как среагирует на это Аркадий Александрович?

— Мы сейчас это увидим, — сказала Ольга Александровна. — Могу тебе заранее сказать, что он среагирует так же, как я. Бери эту слуховую штучку.

Она подвинула к себе телефон и вызвала Аркадия Александровича. Он тотчас же ответил.

— Аркаша, — сказала Ольга Александровна взволнованным голосом, — я только что была у Сергея Сергеевича. Он согласен дать развод, но отказывает мне в деньгах, у меня не будет ни копейки. Что мы будем делать?

После очень короткого молчания голос Аркадия Александровича ответил:

— Не знаю, Леля. Знаю только одно: мне кажется, что планов наших это не должно изменить.

Ольга Александровна пристально смотрела на Сергея Сергеевича.

— Надо будет переменить гостиницу сначала, — продолжал Аркадий Александрович, — но это все детали. Может быть, даже несомненно, нам придется туго. Меня лично ничто не пугает, если ты будешь со мной.

— Спасибо, Аркаша, я не сомневалась в этом, я скоро приеду, мы поговорим.

Она повесила трубку и по-прежнему молча смотрела на Сергея Сергеевича.

— Он, по-видимому, умнее, чем я думал, — сказал Сергей Сергеевич.

— Ты никогда этого не понимал, ты не способен поверить в чью бы то ни было любовь. Но теперь ты видишь это. А денег твоих мне не нужно.

— Слушай, Леля, — сказал Сергей Сергеевич, — ты понимаешь, я надеюсь, что я не собирался тебя лишать денег. Я только сомневался, чтобы вся эта история стоила твоего ухода.

— Если бы ты мог это постигнуть!

— Хорошо, Леля. Выслушай меня.

И Сергей Сергеевич начал говорить ей, что, по его мнению, не надо бросать дом из-за очередного романа. Он говорил, что Ольга Александровна давний и близкий друг, что без нее все опустеет, что она может продолжать жить, как она хочет, но должна остаться здесь.

— Подумай, Леля, — сказал он, — ведь все остальное случайно. Я тебя давно и крепко люблю — разве, если бы я тебя не любил, ты бы могла жить так, как жила всю жизнь, не считаясь совершенно ни с моими интересами, ни с интересами Сережи, который понимает многие вещи, — а их не должно было бы существовать, Леля.

Сергей Сергеевич знал, что это было больное место Ольги Александровны. Она сидела, опустив голову, и молчала.

— Несмотря на все это, — продолжал Сергей Сергеевич, — разве ты не знаешь, что тебя здесь окружают очень хорошие чувства, такие, Леля, которые не портятся от времени, подобно другим, случайным. Ну, хорошо, я не в счет, а Сережа?

— Мне это очень тяжело, — сказала Ольга Александровна — слезы стояли в ее глазах, — но что же делать? Теперь начнется другая жизнь, эта кончена.

— Вот меня ты упрекаешь в бесчувствии, — сказал Сергей Сергеевич, — тебя я не хочу упрекать ни в чем. Ступай, живи, как хочешь, если ты считаешь, что так нужно. Мы все будем об этом жалеть. Но убеждать тебя, я считаю, не надо, раз ты можешь уйти, стало быть, твои теперешние чувства сильнее тех, на которые мы так напрасно, оказывается, надеялись. Иди, я тебя не держу. Но помни всегда, — сказал он, подняв глаза на Ольгу Александровну, — что где бы ты ни была и что бы с тобой ни случилось, ты можешь рассчитывать во всем на нас с Сережей. Я бы очень хотел сказать, что мы тоже можем рассчитывать на тебя, но я думаю, что это была бы ошибка.

Ольга Александровна плакала, сидя в кресле.

— Конечно, никакого решительно изменения материального порядка произойти не может, — сказал Сергей Сергеевич, — ты будешь жить так же, как прежде. Все, что принадлежит мне, принадлежит тебе.

Ольга Александровна вернулась в гостиницу с заплаканными глазами. Аркадий Александрович поцеловал ей руку — он был тоже взволнован. Но он сразу же стал утешать ее. В ту минуту, когда она позвонила ему по телефону, он меньше всего мог ожидать удара, который случился, но в первый раз в жизни он оказался на высоте положения. Он действительно не представлял себе теперь существования без Ольги Александровны и, отвечая ей, был совершенно искренен. Было, конечно, в этом еще одно объяснение его неожиданного благородства — он не успел понять как следует, в чем дело, его, в некоторых случаях медлительный, мозг воспринял это, как небольшой толчок, и не успел в ту минуту учесть всей важности вопроса. Но, во всяком случае, в данный момент он поступил совершенно правильно — в силу соединения различных и недоступных анализу причин, как почти всегда, когда трудно определить, почему, собственно, человек отвечает не так, а иначе, и почему очень часто нельзя заранее себе представить, какова будет его реакция на тот или иной факт — прилив минутного чувства, случайное и мучительное ощущение, боязнь неизвестности, темный инстинкт могут определить и обусловить совершенно неожиданный и нехарактерный для этого человека ответ. Но за то короткое время, которое прошло от телефонного звонка до приезда Ольги Александровны, Аркадий Александрович, расхаживая по комнате, успел о многом подумать. Сначала у него было впечатление, что произошла непоправимая катастрофа, потом, когда он немного успокоился, положение стало ему казаться менее трагичным. Во-первых, было все-таки невероятно, чтобы Сергей Сергеевич лишил Ольгу Александровну всяких средств к существованию; что-нибудь он, наверное, будет давать, и на это чтонибудь можно будет прожить. Но даже в том случае, если бы он действительно отказался от какой бы то ни было поддержки Ольги Александровны, оставался еще один выход — обращение к Людмиле. Аркадий Александрович очень хорошо знал, что нормальным путем добиться от Людмилы хотя бы ста франков будет невозможно. Выговорить себе какую-либо сумму за развод — слишком поздно, надо было это делать раньше; но тогда, на юге, он не мог этого предвидеть. Единственный способ, который оставался, это угроза непосредственного обращения к ее теперешнему жениху — угроза, которую он приведет в исполнение, если Людмила откажет ему. Аркадий Александрович даже успел подумать, что потребовать единовременно крупную сумму было бы нерационально — во-первых, потому, что будущему мужу Людмилы такая просьба со стороны не может не показаться странной, во-вторых, потому, что после взноса этой суммы угроза отпадет. Нужно было, наоборот, чтобы Людмила выплачивала ему помесячно то, на что, как он полагал, он имеет право; в случае неуплаты — письмо ее мужу и вытекающие из этого последствия. Аркадий Александрович знал, что все это далеко не так просто, что Людмила окажет ему отчаянное сопротивление, но окончательный, решающий аргумент был все же на его стороне. Конечно, Ольгу Александровну в это не следовало посвящать — да и сам Аркадий Александрович не мог думать об этом выходе из положения без невольного отвращения. Но он не представлял себе, как можно разрешить все иначе: свои возможности на основании длительного опыта он считал ничтожными и имел на это все основания. Когда он увидел слезы на глазах Ольги Александровны, он подумал, что Сергей Сергеевич был категоричен, и это все-таки его взволновало.

— Что делать, Леля, проживем как-нибудь, — сказал он своим высоким и звучавшим несколько патетически голосом. — Будем работать...

— Нет-нет, — ответила Ольга Александровна, — я не об этом. Это все улажено.

Аркадий Александрович ощутил бурную радость, которую, однако, ничем не проявил.

— Что ты хочешь этим сказать?

— Сергей Сергеевич мне сказал, что никаких изменений не будет, все по-прежнему. Но он так жестоко со мной говорил, так безжалостно, как только он способен сделать, не щадя ничего, Аркаша, ничего! И вот ведь, говорил хорошие слова и даже не улыбался, и знаешь — как острый нож!

И Ольга Александровна рассказала Аркадию Александровичу весь свой разговор. Аркадий Александрович внимательно слушал и потом сказал:

— Но ведь тут одна неправильность, Леля, вопиющая неправильность. Можно подумать, что я у тебя хочу что-то отнять. Нет, — только к твоей прежней жизни прибавляется еще одна и вовсе не требующая отказа от другой. Она вообще ничего не требует, она согласна удовлетвориться тем, что есть, — тем более, что вот это, существующее теперь, так неповторимо и прекрасно! Ты хочешь жить там — живи там, не хочешь выходить замуж — не выходи. Разве это может что-либо изменить? Разве это может изменить мою любовь?

— Ах, Аркаша, ты не знаешь, до чего ты хороший человек!

— Нет, нет, я только тебя люблю, вот в чем дело.

— Вот, никогда в жизни я не видела такого понимания, такого соединения, понимаешь, души и ума, как у тебя. Боже мой, столько лет прожить на свете и не встретить тебя!

— Зачем жалеть об этом? Это случилось — самое главное.

Аркадий Александрович в этот вечер был особенно ласков и нежен с Ольгой Александровной. Та короткая тревога, которую он испытал за время ее отсутствия — которая оказалась бесполезной, — перешла теперь с удвоенной силой в новый прилив благодарной любви. Через полчаса он совершенно забыл о своем плане шантажирования Людмилы, и если бы кто-нибудь высказал мысль, что он на это способен, он искренне считал бы этого человека дураком и мерзавцем.

В один из следующих дней он позвонил по телефону Людмиле, и через некоторое время они встретились в большом кафе на Елисейских полях.

И Людмила, и Аркадий Александрович были удивлены переменой, которая произошла в каждом из них и которую другой тотчас же заметил. Людмила обратила внимание на загорелое лицо Аркадия Александровича, на более быструю его походку; он очень похудел и приобрел то, что, по сравнению с прежним его видом, можно было назвать почти стройностью; он был уверен в себе, на нем был отличный костюм, и в глазах не было того уклончивого выражения, которое Людмила знала много лет. Аркадия Александровича, в свою очередь, поразила в Людмиле явная расслабленность голоса, непривычная задушевность интонаций, предназначавшихся не ему, но продолжающихся по инерции, и, в свою очередь, отсутствие настороженности в глазах.

— Рад тебя видеть, моя дорогая, — сказал Аркадий Александрович тем идеально независимым голосом, о котором раньше мог только мечтать, и поцеловал ей руку. Людмила заговорила по-английски, тотчас извинилась, сказав, что отвыкла от русской речи — знаешь, до того, что нередко вынуждена искать слова, — и испытала давнее ощущение разочарования; для абсолютного ее удовлетворения нужно было бы, чтобы Аркадий Александрович был беден, плохо одет и унижен. К сожалению, это было не так. Это была нарушенная подробность ее давней мечты, но в полноте своего счастья она готова была простить Аркадию Александровичу даже это нарушение. Разговор, после того как были исчерпаны деловые вопросы, очень незначительные, велся на самые общие темы, и Аркадий Александрович и Людмила одновременно констатировали, что им, в сущности, не о чем говорить, и оба подумали о нелепости того, что эти совершенно чуждые друг другу люди прожили вместе много лет. И Аркадий Александрович, и Людмила были, в конце концов, неглупыми и довольно образованными людьми с богатым душевным опытом и должны были, казалось бы, найти темы для разговора; но сущность заключалась в том, что каждый из них в данный период времени был поглощен одной стороной своей личной жизни, и результатом этого являлось несомненное обеднение всех их эмоциональных и душевных возможностей, не касающихся непосредственно того, что оба считали самым главным. Людмила вскользь сказала несколько фраз, цель которых была дать понять Аркадию Александровичу, что ее будущий муж очень богатый человек, — говорилось о бешеных ценах, о том, что это черт знает что, — и всюду фигурировало местоимение «мы» — вплоть до «мы думали», «мы полагали», «мы заплатили», — и Аркадий Александрович не знал, чем это объяснить: то ли тем, что Людмила пользовалась всяким предлогом, чтобы подчеркнуть существование «достойного человека», то ли тем, что она действительно была к нему неравнодушна и потеряла поэтому чувство ridicule[62] и ту умность разговора, которые ее обычно не покидали. Аркадий Александрович, в свою очередь, действовал с теми же тайнооскорбительными целями, что и Людмила, но прибегал для этого к противоположным приемам — ни разу не сказал «мы», не говорил ни о ценах, ни об автомобилях, но дал понять, что все обстоит очень роскошно, путем косвенного и случайного упоминания о второстепенных вещах — такого упоминания, вывод из которого даже не напрашивался сам собой, хотя и становился при первом размышлении очевидным. Таким образом, он вышел победителем из этого скрытого поединка и получил от этого несомненное удовольствие.

Выяснилось, что Людмила покидает свою квартиру через несколько недель. Аркадий Александрович обещал заехать на днях, чтобы захватить свои книги и несколько вещей. Потом Аркадий Александрович заплатил, они вышли вместе, он направился к такси. — Подвезти тебя? — Нет, — сказала Людмила, — нам в разные стороны. — Они попрощались, Аркадий Александрович поцеловал своей бывшей жене ее холодную, как всегда, руку и подумал, что, может быть, они никогда больше не увидятся. И когда он ехал в автомобиле, один аккорд радио, игравшего в каком-то магазине, мимо которого он проезжал, вдруг поразил его тем, что показался необыкновенно знакомым. И тогда он сразу вспомнил последний вечер, проведенный вместе с Людмилой, года три тому назад, после долгого и мучительного разговора; она вошла тогда в гостиную и села за рояль. Аркадий Александрович стоял у двери. Она начала играть первое, что ей пришло в голову; то был шопеновский этюд — и Аркадий Александрович ясно видел сейчас перед собой ее белокурую голову и синие глаза перед черной зеркальной поверхностью рояля и слышал этот мотив, который, казалось бы, он давно забыл. И тогдашнее его чувство отчетливо вспомнилось ему — сожаление, что жизнь уйдет, как умолкнет сейчас эта мелодия в черном зеркале, и никогда, никогда... — остальное не поддавалось определению, как музыка, как чувство, как сон, с этой почти неподвижной и чужой женщиной за роялем, — и что всякое искусство, и особенно музыка, не оставляет нам даже самого отдаленного, самого призрачного утешения. Он представил себе всю свою напрасную и неправильную жизнь; и

---

[62] смешного (фр.)

впервые за последние месяцы тот тленный и преходящий мир, о котором он писал до сих пор, вновь промелькнул перед ним и скрылся в мгновенном полете вместе с последним отрывком шопеновского этюда.

Было послеполуденное время сверкающего сентябрьского дня, Сережа и Лиза собирались ехать в Монте-Карло — Сережа был уже одет и ждал на террасе Лизу, которая должна была выйти с минуты на минуту, — как вдруг раздался телефонный звонок. Сережа подошел к аппарату. — С вами говорят из Парижа, — сказала телефонистка. Потом очень знакомый голос сказал:

— Алло! Сережа или Лиза?

— Здравствуй, папа, это я, — сказал Сережа.

— Я бы тебя не узнал по голосу, у тебя какой-то подозрительный бас. Все благополучно у вас?

— Да, — несколько замявшись, ответил Сережа. — Вот идет Лиза.

Лиза действительно подходила к Сереже.

— Хорошо, передай ей трубку. Лиза? Mon amour,[63] надо, чтобы вы ехали в Париж.

— Мы, в принципе, так и предполагали.

— Собственно, еще несколько дней у вас есть, Сереже нужно быть в Лондоне в последнюю неделю сентября. Но вообще — помимо удовольствия, которое... Кстати, есть семейная новость.

— Не одна, — хотела сказать Лиза, которая всегда в разговорах с Сергеем Сергеевичем впадала в иронический тон. Но она спросила:

— Какая именно?

— Твоя старшая сестра выходит замуж за Аркадия Александровича Кузнецова.

— Ты с ума сошел!

— Не я, Лиза, не я. Но в связи с этим возникает ряд интересных соображений, которые...

— Что ты хочешь этим сказать?

— Ничего специального, но кто знает, как сложатся события?

Лиза поняла, о чем думал Сергей Сергеевич, и эта мысль ее ужаснула. Она сказала:

— Ты думаешь... у тебя впечатление, что это ее окончательное решение?

— Боюсь что.

---

[63] Любовь моя (фр.).

— Какую глупость она делает!

— Не могу не согласиться с твоим мнением. Что у тебя?

— Все прекрасно, я провела очаровательное лето.

— Рад за тебя, я бы хотел сказать то же самое о себе, но это было бы неправда. Кстати, объясни, пожалуйста, Сереже, что его мать выходит замуж, рано или поздно. Хорошо, когда же вас ждать?

— Через некоторое время, без особого предупреждения.

— Прекрасно, всего хорошего.

— Прощай, Сережа.

Сережа, стоявший рядом, спросил, когда Лиза повесила трубку:

— Кто делает глупость, Лиза?

— Все, мой мальчик, — со вздохом сказала Лиза, — все. Но без некоторых глупостей не стоило бы жить, ты не думаешь?

Лиза не знала, сказать или не сказать Сереже, что Ольга Александровна выходит замуж. Собственно, никаких особенных причин скрывать это не было; но Лизе нужно было сделать большое усилие над собой, чтобы начать этот разговор, потому что за всеми этими вещами тотчас же возникало другое, о чем никогда не говорилось, но что не могло не чувствоваться. Но она все-таки, преодолев свое внутреннее нежелание поднимать все эти вопросы, сказала ему об этом вечером. Сережа был удивлен и огорчен.

— Я не понимаю мамы, — сказал он. — Конечно, это ее личное дело. Но мы все ее так любим, она такая очаровательная, и папа всю жизнь исполняет все ее желания. Зачем же этот брак?

— Уж не по расчету, конечно, Сереженька.

— Милая такая мама — и вдруг замуж за чужого человека! Нелепо, Лиза.

— Я тоже думаю, что нелепо.

— Я ей сегодня же напишу письмо, — сказал Сережа. — Она, наверное, обо мне тоже думает. Я ей напишу, что все равно я ее так же буду любить, как раньше, она моя мать, и это самое главное. Она такая очаровательная, Лиза, правда?

Лизе было не по себе, у нее было нечто вроде тревожного предчувствия, причина которого была ясна: предстояло уехать отсюда, столкнуться вплотную со всеми, в сущности, почти непреодолимыми препятствиями, которые ее ожидали в Париже, оказаться сильнее всего этого и устроить так, чтобы и в дальнейшем они остались вдвоем с Сережей.

— Теперь так, Сережа, — сказала она, наконец. — Мы приедем в Париж, потом ты отправишься в Лондон. Я останусь там на месяц приблизительно, затем тоже приеду в Англию, и мы опять будем с тобой вдвоем. Понимаешь?

— Понимаю, Лиза, а почему целый месяц?

— Так будет лучше, Сереженька. Дальше: ты понимаешь, что об этом никто не должен знать?

— Хорошо, Лиза. И так всю жизнь?

— Может быть, всю жизнь, Сережа. Ты считаешь, что это не стоит?..

— О, si,[64] десять жизней, если нужно.

— Ну, вот. А по правде сказать, мне не хочется ни в Париж, ни в Англию. Я бы хотела остаться с тобой здесь, мой мальчик.

— Это, к сожалению, нельзя устроить, я думаю.

— Совершенно невозможно. Хорошо, что хоть другое возможно. А теперь закроем глаза, забудем, что существуют Париж и Лондон, и будем жить, как раньше, эти несколько дней. Это наши последние дни на юге, — сказала она с невольной грустью в голосе.

— В этом году — конечно, что будет дальше — мы не знаем.

Они приехали в Париж утром, двадцать пятого сентября; Лиза не хотела, чтобы Сережа оставался больше, чем несколько дней, вместе с ней и Сергеем Сергеевичем в Париже. Так как Сергей Сергеевич не был предупрежден, то никто их не встречал, и они доехали до дому на такси. В квартире они нашли только Слетова, который им сказал, что Сергей Сергеевич вернется поздно вечером, его вызвали в провинцию. В Париже Сережа тотчас же ощутил невыносимую разницу между той атмосферой, которая была на юге, и ледяной неуютностью, которая царила здесь. Он никогда не думал, что его дом покажется ему таким чужим и неприветливым. За весь день он только один раз поцеловал Лизу, войдя к ней в комнату. И он, и Лиза — несмотря на свой возраст и опыт, — преувеличивали опасность скомпрометировать себя и потому держались по отношению друг к другу с неестественной отдаленностью, так что даже Слетов спросил Сережу:

— Ты что, поссорился с теткой, что ли?

— Да, немного, — сказал Сережа, покраснев. Вечером позвонил Сергей Сергеевич, сообщивший, что он задержался и вернется завтра утром. Тогда Лиза позвала Сережу к себе.

— Сережа, — сказала она почти задыхающимся голосом — он никогда не видел ее в таком состоянии, — я сейчас уйду, а ты уйди через полчаса. Вот тебе ключ. Приезжай на rue Boileau,

---

[64] напротив (фр.)

сорок четвертый номер, второй этаж налево. Я буду тебя ждать. Иди.

— А там что? — растерянно спросил Сережа.

— Увидишь, — быстро сказала она. — Иди, иди. Когда Сережа приехал туда, он нашел Лизу, которая с той стороны у двери ждала его. Она была в том же любимом халате с вышитыми птицами: Сережа подумал об этом и удивился, каким образом халат, который должен был еще находиться в чемодане, очутился здесь.

— Второй, Сереженька, — улыбаясь, сказала Лиза. — Это моя квартира, — объяснила она, — наша, если хочешь. Ты не знал, что у меня есть квартира?

— Нет, — удивленно сказал он, — зачем она тебе?

— Каждому хочется иметь свой собственный дом, — уклончиво сказала она. Если бы на месте Сережи был другой человек, она бы так не поступила; но Сережа слепо верил всему, что говорила Лиза, и находил замечательным все, что она делала. И все-гаки его не следовало посвящать в это, но Лиза не могла поступить иначе, ее желание остаться с Сережей наедине было сильнее всех других соображений. Поздно вечером они вышли вдвоем; в прохладном воздухе Лиза ощутила печаль, которой не было на юге. Она отправила Сережу домой, а сама вернулась только через час — он уже спал крепким сном в это время. Все было тихо в доме, только в комнате Слетова был свет; Слетов читал мемуары Казановы и пожимал плечами — он очень неодобрительно относился к этому человеку, и ему казалось непонятным, как можно потратить всю жизнь на то, чтобы чуть ли не ежедневно менять любовниц: Слетов искренне этого не понимал.

На следующее утро Сережа, поговорив с отцом четверть часа о незначительных вещах и таким тоном, точно он расстался с ним только на днях — так всегда получалось с Сергеем Сергеевичем неизвестно почему, — узнал у него номер телефона Ольги Александровны и позвонил ей. Прерывающимся от радости голосом она попросила его тотчас же приехать, встретила его долгими объятиями и поцелуями, так, как будто ему удалось спастись от смертельной опасности и он чудом остался жив. — Мой маленький, мой миленький, такой большой, такой хороший, Сереженька! Ты не забыл маму?

В ее словах и интонациях было столько любви и нежности, что у Сережи появились слезы на глазах. Он подумал тогда же, что эту женщину, что бы ни случилось, он будет любить всегда самой лучшей любовью, и вдруг тот факт, что она выходит замуж, показался ему совершенно неважным и случайным. Точно угадывая его мысль, Ольга Александровна спросила:

— Ты не перестанешь любить свою старую маму за то, что она себя не так ведет, как нужно?

— Нет, мамочка, — целуя ее теплую руку, сказал Сережа, — нет, никогда не перестану любить, ты у меня одна, другой мамы нет.

— Мы с тобой будем часто видеться, будем вместе гулять и разговаривать, ты мне будешь все рассказывать, правда, Сереженька? Ты уезжаешь в Лондон? Буду к тебе ездить, ты у меня тоже только один, но зато такой хороший. Ты уж большой, ты скоро начнешь понастоящему жить, и мы с тобой будем говорить обо всем.

— Вот, мамочка, знаешь, — сказал Сережа, сидя на ручке ее кресла и обнимая ее шею рукой, — я очень много понял за последнее время.

— Что же ты понял, Сереженька?

— Очень важные вещи, очень важные. И знаешь, как странно, — вот мы с тобой сейчас поговорим об этом. Ты никуда не торопишься?

— Нет, нет, говори.

— Вот, есть вещи, о которых мы, казалось бы, никогда не думаем, никогда мы их не обсуждали; а когда приходится, казалось бы, впервые с ними сталкиваться, выясняется, что мы имеем о них уже совершенно готовое представление.

— Ну, например?

— Вот, например, отношение к матери. Вот я тебя очень люблю и твердо знаю, что что бы ни случилось, все равно буду любить. Никакого другого человека, а именно тебя. Это, с одной стороны, конечно, чувство, но ему соответствует и теоретическое убеждение, непоколебимое, что это хорошо и так нужно.

— У, какие мы умные! — сказала Ольга Александровна. — Ну, так и быть, я тебе тоже сделаю признание. Ты знаешь, что я выхожу замуж? — Да.

— Ну, так вот, мне совершенно безразлично, что об этом подумают. Если кто-нибудь огорчится, очень жаль — но что мне делать? И вот, единственное, что меня волновало, это как ты отнесешься. Смешно, правда? Ты еще ребенок, мальчик, ты, Сереженька, сосунок, и вот, когда ты не обращаешь на себя внимания и не важничаешь с другими и сам с собой, то и мордочка у тебя, как у сосунка. И вот, поди же, мне важно, чтобы именно этот сосунок меня не перестал любить.

— Этого ты можешь не бояться, мамочка.

— Я теперь не боюсь, я знаю, — сказала Ольга Александровна. — А я тебе соврала только что; мне надо уходить, но уж очень жалко расставаться с тобой. Мы пойдем вместе, ты меня проводишь, хорошо?

— Хорошо. Я завтра уезжаю, ты знаешь? Еду в Лондон.

— В котором часу?

— Утром, кажется.

— Тогда я с тобой попрощаюсь, я только через недельку приеду к тебе. До свидания, мой мальчик, — сказала она, поцеловав его несколько раз. Потом она перекрестила его тремя быстрыми крестами, повторяя: — Храни тебя Христос, Сереженька, учись, будь умницей.

— Ты со мной, как с ребенком, — сказал Сережа.

— Да нет, миленький, а неловко тебя на улице целовать и крестить.

Когда они расстались, у обоих было хорошо на сердце: Сережа был рад тому, что его мать нисколько не изменила его всегдашнему представлению о ней; у Ольги Александровны после разговора с Сережей отпала единственная неприятная мысль, которая появлялась у нее в последнее время и которая была о том, что ее новый брак может повлиять на отношение к ней Сережи.

В канун отъезда Сережи и Сергея Сергеевича в Лондон обед прошел бы в молчании, если бы не разговоры Сергея Сергеевича, который рассказывал о своих летних поездках, о том, что он видел за это время множество милейших людей; как всегда, все эти милейшие люди выходили совершенными идиотами, вопреки явно абсурдной их оценке Сергеем Сергеевичем. Сергей Сергеевич с особенным удовольствием описывал одного из своих бухгалтеров, работавшего в Норвегии и который был, по его словам, необыкновенным человеком.

— Чем же он необыкновенен? — спросил Слетов.

— А вот, — сказал Сергей Сергеевич. — Ну, представьте себе, был богатейшим человеком в России, ворочал миллионными делами, был отцом семейства и все такое. Жена его покончила с собой, дети тоже все погибли, состояние тоже, сам едва ноги унес. И вот что он мне говорит: вы, говорит, Сергей Сергеевич, пожалуйста, повлияйте на служащих, чтобы они ко мне относились, как этого требует мой ранг и положение, — и слово такое странное, «ранг», видите ли. И вот что этого старика интересует — разве не трогательно? Вот тебе, Федя, один из вариантов теории ценностей.

Слетов пожал плечами; но и Лиза, и Сережа едва ли могли

144

бы повторить рассказ Сергея Сергеевича — настолько оба были вне разговора. У Сережи совершенно не было аппетита, он почти ничего не ел; он думал, не переставая, о том, что завтра он уже не увидит Лизы. Лиза знала, что он об этом думает, и страдала одновременно за него и за себя. Сережа не думал, что это нехорошо, так как тяжело и ему, и Лизе, он был бессознательно эгоистичнее, чем она. Сергей Сергеевич не мог не заметить этой подозрительно одновременной подавленности их. Он был, однако, далек от мысли, что это может быть объяснено чем-нибудь иным, кроме случайного совпадения или, в конце концов, естественного огорчения. Он тут же подумал, что Сережа всю свою жизнь до сих пор проводил в обществе двух женщин, матери и тетки, и что это не могло не отразиться на его характере. Он полагал, однако, что Оксфорд, который он сам в свое время кончил — до того, как начал посещать лекции в Московском университете, — должен будет повлиять на Сережу в нужном направлении. Постоянная душевная размягченность его сына, которую он унаследовал от своей матери и с которой до последнего времени Сергей Сергеевич почти не пытался бороться, казалась ему, однако, отрицательным качеством. После обеда, оставшись вдвоем с Лизой, он заговорил об этом между прочим, как всегда. Лиза очень резко ответила ему:

— Наверное, горбун считает, что отсутствие горба есть недостаток.

— Если, Лиза...

— Что «если»?

— Если он не только горбун, но при этом еще и дурак.

— Я не понимаю, что дурного в том, что у мальчика доброе сердце? С какой угодно точки зрения, это положительная черта.

— Боксом ты не занималась, Лиза?

— Как ты не понимаешь, что нельзя все сводить к этому идиотскому спорту. Идет речь о душе — сравнение с боксом, о любви — рациональное физическое развитие, о несчастии, огорчении, неудаче — я уж не знаю, с чем ты это будешь сравнивать — может быть, с футболом?

— Боюсь, Лизочка, ты меня не поняла. Дело не в непосредственном...

— Договаривай ты, ради Бога. Непосредственном — чём?

— Сравнении, voyons.[65] Но вот в чем дело. Ты наносишь одинаковой силы удар одному человеку, потом другому. Один

---

[65] ясно же (фр.)

падает в обморок, другой остается стоять как ни в чем не бывало. Почему?

— Потому что один слабый, другой сильный.

— Нет, совершенно одинаковы.

— Так почему же?

— Потому что первый размягченный, второй тренированный. А первоначально чувствительность одинакова.

— Так ты хочешь тренировать Сережу?

— Именно.

— Зачем?

— Затем, Лизочка, что это мой сын, затем, что я его люблю, затем, что хочу, чтобы на его долю выпало возможно меньше страданий и огорчений, которые неизбежны, если он будет таким, как сейчас. Понятно?

— А какое ты имеешь право это делать? Пусть живет, как хочет. Оставь свою философию для себя, подумай о том, что, слава Богу, другим людям она не нужна, они в ней задохнутся.

— Так уж и задохнутся. Но даже если так: слабые задохнутся, сильные выживут.

— Какая примитивная концепция!

— Никак тебе не угодишь, Лиза, все тебе не нравится. Что с тобой случилось в последнее время? Ты даже защищаешь размягченность, которая ведь и тебе самой не очень свойственна.

— Это кто тебе сказал?

— Мне так казалось.

— Потому что ты меня не знаешь, мой милый.

— Так безжалостно разбиваешь мои лучшие иллюзии, Лиза. Мы с тобой поговорим, когда ты будешь в хорошем настроении, если это когда-нибудь произойдет. Стало быть, я тебя не знаю. On aura tout vu,[66] как говорится. Спокойной ночи, прекрасная незнакомка.

Он поцеловал ей руку и ушел в свой кабинет работать. Он был такой же насмешливый и веселый, как всегда. Но Лизе, смотревшей на него с враждебным вниманием, к которому примешивалось далекое, почти забытое, но все же существующее сожаление, показалось вдруг, что в его глазах на очень короткое время появилось почти страдальческое выражение, которого она до сих пор никогда не замечала, и она подумала, что уход Ольги Александровны все-таки был для него ударом, который, при всей его идеальной «тренировке»,

---

[66] Все прояснится (фр.)

146

он не мог не почувствовать гораздо более, чем это можно было предположить.

Сергей Сергеевич, действительно, был очень огорчен уходом Ольги Александровны, хотя и испытывал совсем не те чувства, которые должен испытывать муж, когда его покидает жена. Он всегда поступал в своей жизни в большем или меньшем соответствии с той этической системой, которую он себе выработал и в которой внешние, декоративные, так сказать, принципы играли главную роль. Она не была основана, как это должно было быть, на его личных чувствах, и он сам не мог бы себе объяснить, почему, собственно, нужно было поступать так, а не иначе; но что нужно было поступать так, это он твердо знал. В ней было много просто абсурдных и нелепых вещей, и он не мог этого не понимать; тем не менее он считал их необходимыми. Должна была существовать семья; должен был существовать наследник его имени и состояния и продолжатель рода; должна была существовать жена. И вот одна сторона этой системы вдруг исчезла, что было ее грубейшим нарушением. Конечно, Сергей Сергеевич знал, что уход Ольги Александровны не только исчезновение этой стороны, это еще и пустота, которая должна была образоваться в том месте, где были ее нежные глаза, ее ласковая и быстрая речь и все ее многолетнее очарование, которое Сергей Сергеевич очень ценил со стороны. Но моральная сторона ее ухода была ее личным делом, в которое он считал себя не вправе вмешиваться. Он вспомнил, как ему хотелось еще совсем недавно, несколько месяцев тому назад, чтобы Ольга Александровна нашла, наконец, человека, на котором остановилась бы; его мечта исполнилась — но не так, как он это себе представлял. И вот это несоответствие его представления с действительностью было ему неприятно. Он, кроме того, полагал, что Ольга Александровна должна была бы остаться еще и потому, что этого требовали интересы Сережи; не непосредственные его интересы, так как он уезжал в Англию, а интересы традиционные. Одним словом, он допускал все отступления от личной морали, но был сторонником некоторых почти патриархальных принципов. Как многие люди, лишенные прочных и узких убеждений, он понимал убожество политических доктрин, над которыми смеялся, понимал спорность и нередко бессмысленность тех вопросов, которые в известный момент считались актуальными, — и вместе с тем, несмотря на крайний свой скептицизм, был сторонником так называемых семейных устоев, хрупкость которых ему должна была быть известнее, чем кому бы то ни было. Весь опыт его жизни убеждал его в том, что нет или почти нет вещей, на которые можно было бы положиться, что политические взгляды, государственные принципы, личные достоинства, моральные базы и даже экономические законы — это он знал наверное — суть условности, по-разному понимаемые различными людьми и сами по себе почти лишенные какоголибо содержания. И оттого, что он это знал, происходила его широкая терпимость ко всему, его одобрение многих явно не заслуживающих одобрения вещей, словом, то, что приписывалось его великодушию, щедрости и идеальному характеру и что в самом деле было результатом неуверенности. Он начинал действовать только тогда, когда его к этому вынуждали, — и делал это всегда неохотно; но таких случаев в его жизни было несколько; и он никогда не мог вспомнить об этом без отвращения, как, например, о дуэли, к счастию, без смертельного исхода, от которой Сергей Сергеевич не счел себя вправе отказаться, хотя и говорил всегда, что считает ее глупостью. Были, наконец, биржевые операции, совершая которые, он знал, что разорит таких-то людей, — но здесь он имел дело с цифрами, и ему было легче. Но вообще действовать он не любил, хотя все в нем было, казалось, создано именно для действия — быстрота понимания и суждения, постоянное хладнокровие, полное подчинение всех способностей — душевных, умственных и мускульных — своей воле, в этом смысле он был похож на прекрасную пружину, качества которой, однако, пропадали даром. Он оказывался на высоте положения во всех трагических обстоятельствах, — так было в Крыму, при отступлении белых армий, так было во время второго покушения на него на людной улице, когда он один успел заметить быстрое движение человека, выхватившего нож, — и задержать его руку; но до тех пор, пока самые жестокие условия не вынуждали его действовать, он насмешливо рассуждал обо всем, восхищался заведомо глупыми людьми и был неизменно благожелателен и пассивен. Таким образом, никто — кроме Лизы, которая, однако, тоже не была в этом уверена, — не мог бы подумать, встречаясь часто с Сергеем Сергеевичем, что второй брак Ольги Александровны был для него, в сущности, первым поражением в его жизни — в той ограниченной области, вне которой он допускал все, но которую до сих пор ему удавалось сохранить в неприкосновенности.

После отъезда Сережи, которого Сергей Сергеевич проводил в Лондон и даже задержался там на два дня, и Ольги Александровны в доме остались трое: Сергей Сергеевич, Лиза и

Слетов. Они все встречались за завтраком и за обедом, и у всех троих была очень разная жизнь, так что почти ничего их не связывало. Но в первые же дни после отъезда Сережи Сергей Сергеевич должен был констатировать, что Лиза стала совершенно не похожа на себя. Не говоря о том, что, когда Сергей Сергеевич подходил к ней, он встречал неизменно враждебный взгляд, — и становилось ясно, что в данный момент никакое возобновление их прежних отношений невозможно, — она перестала следить за собой, причесываться, пудриться, мазать губы, и сосредоточенно-печальное выражение ее лица оставалось все время неизменным.

— Что с тобой, Лиза?

— Ничего, оставь меня в покое.

Несколько раз она не ночевала дома, но Сергей Сергеевич даже и не думал о возможности визита на rue Boileau — он слишком хорошо знал Лизу, чтобы представить себе, как был бы встречен. Но ее состояние казалось ему почти тревожным.

Как-то за столом возник спор о Сереже. Сергей Сергеевич сказал, что теперь впервые в своей жизни Сережа живет более или менее самостоятельно, что это очень хорошо и нужно, чтобы он успел сформироваться в новой обстановке и стать мужчиной.

— Я, кстати, поеду через некоторое время в Англию, — сказала Лиза, — надо посмотреть, что он там делает.

— Мне это не кажется абсолютно необходимым. Тем более, что я там бываю довольно часто.

— Ты же знаешь, что у Сережи с тобой гораздо меньше общего, чем с Лелей и со мной.

— К сожалению. Но это недостаток, мы уже как-то говорили с тобой об этом.

— Знаешь, спорить, по-моему, бесполезно. У нас разные взгляды на воспитание.

— Несомненно. В этом вопросе, однако, есть одна подробность: Сережа мой сын, и воспитываю его я.

— Поздно ты спохватился.

— Надеюсь, что еще не поздно.

Лиза получала каждые два дня письмо от Сережи по адресу своей квартиры на rue Boileau. Сережа писал, что без нее ему ничто не интересно, что его жизнь проходит в ожидании ее приезда. «Все как во сне, — писал он, — все ненастоящее, потому что нет тебя. Я знаю, что надо учиться, но не чувствую никакого желания заниматься и изучать разные бесполезные вещи, которые, может быть, имели бы смысл, если бы мы были с тобой вдвоем. Когда я один, они мне кажутся совершенно ненужными». Лиза отвечала ему, просила подождать еще немного и не скучать, но письма ее были лишены убедительности, так как она сама испытывала все время смертельную, непрекращающуюся тоску. Ее все раздражало, она плохо и мало спала, плохо и мало ела, не могла ни на чем сосредоточиться, не могла читать; и за очень короткое время она похудела и подурнела, так что Сергей Сергеевич сказал ей:

— Я боюсь, Лизочка, что если такое состояние будет продолжаться, то твоя блистательность рискует несколько потускнеть.

Оставаясь один, он ломал себе голову над тем, что это могло значить. В конце концов он остановился на мысли о том, что у Лизы на юге был какой-то неудачный роман и что теперь она переживает очередное разочарование, более сильное, чем предыдущие. Это в известной мере было естественно; ей не двадцать лет, жизнь проходит, она не может этого не понимать. Сергей Сергеевич даже намекнул ей как-то о том, что, ввиду брака Ольги Александровны, было бы, может быть, желательно...

— Скорее смерть, чем брак с тобой, понимаешь? — в бешенстве сказала Лиза.

— Как это определение романтизма? — задумчиво сказал Сергей Сергеевич. — Exagération du sentiment personnel?[67] Да, кажется, так. Ты опоздала родиться почти на полтора столетия, Лиза. Тебе бы с Байроном тогда познакомиться. Поэт немного хромой, но очень, очень милый и ценивший преувеличения.

— Клоун! — сказала Лиза и ушла, хлопнув дверью. Из-за тотчас же открывшейся двери показалось смеющееся лицо Сергея Сергеевича, и его голос сказал:

— Как героиня в мелодраме. Лиза, ты не знаешь, до чего ты восхитительна и классична! C'est de la Comédie Francaise le jour des abonnés.[68]

Но на самом деле состояние Лизы было ему почти так же неприятно, как поведение Ольги Александровны. Происходило то, чего он, в сущности, ожидал всегда — постепенный уход от него близких людей; в дальнейшем ему, по-видимому, предстояло одиночество. Лиза уже не в первый раз говорила о поездке в Англию, быть может, герой ее романа находился там и почему-либо не мог или не хотел приехать?

Он все чаще и чаще уходил один гулять по Парижу, проходя по улицам с непривычной для него бесцельностью. Так

---

[67] Гипертрофия личного чувства? (фр.)
[68] Прямо Комеди франсез (фр.)

как многие его знакомые жили примерно в одном и том же районе, то он неоднократно встречал некоторых из них; в проехавшем очень солидном автомобиле он видел однажды Людмилу, сидевшую рядом с пожилым и приятным человеком, тем самым, из-за которого она разводилась со своим первым мужем; один раз он видел и его — тот медленно шел, засунув руки в карманы и глядя прямо перед собой блеклыми рассеянными глазами.

Однажды он вышел на свою очередную прогулку в субботу, под вечер. Был конец октября и удивительно мягкая, необычайная для этого месяца в Париже погода. Он был в Булонском лесу, затем поднялся до площади Этуаль, потом вышел на Victor Hugo и свернул на rue de la Pompe. Движение было не очень большое, было довольно тепло, но в поднимавшемся от времени до времени легком ветре явственно и обманчиво пахло зимой. Он шел и думал, что теперь поздно уже, быть может, что-либо менять в этом нелепом, в сущности, правиле, которое он сам себе навязал и которого неизменно придерживался всю жизнь, — правиле de la bonne mine au mauvais jeu.[69] В конце концов оно принесло скорее вред, чем пользу. Зачем было нужно, думал он, так притворяться всю жизнь и так ее провести, точно на сцене? Но эти мысли были почти лишены горечи, были почти что созерцательны — это объяснялось тем, что стояла все-таки очень хорошая погода, воздух был нежный и вкусный. Дойдя до угла rae de la Pompe и rue de Passy, Сергей Сергеевич подумал, что с удовольствием выпил бы чаю. Он вошел в магазин Marquise de Sevignй. Все столы были заняты. Недалеко от входа спиной к нему сидела очень пожилая дама в трауре. В ее плечах и спине было что-то знакомое. Сергей Сергеевич подошел ближе, дама повернула к нему лицо — и он узнал Лолу Энэ. Он именно узнал ее — настолько она изменилась. Старческие, ласковые, безразличные ее глаза посмотрели на него, она, улыбаясь, кивнула головой. Сергей Сергеевич вспомнил, что после ее визита к нему с предложением субсидировать мюзик-холл у mee умер муж, — он тогда же послал ей официально-сочувственное письмо, но с тех пор ничего о ней не слышал.

— Вы разрешите? — спросил он, подходя к ее столику.

— Да, да, пожалуйста, — ответила она. Сергей Сергеевич после нескольких слов разговора убедился, что Лолу, с которой он говорил сейчас, от той, которая приходила к нему, отделяло расстояние целой жизни. Теперь иначе как очень старой

---

[69] хорошей мины при плохой игре (фр.)

женщиной ее нельзя было назвать. Когда речь зашла о ее покойном муже, ее глаза мгновенно наполнились слезами, что очень удивило Сергея Сергеевича, который так же, как и все, хорошо знал, что ее супружеская жизнь была тяжела и неудачна. Ни она, ни он не говорили о мюзик-холле — это казалось столь же неестественным, сколь неестественным показался бы разговор о том, например, что Лола собирается поступить в гимназию. И Сергей Сергеевич так же, как и все остальные, не мог не заметить поразительной душевной перемены в Лоле. Она рассказала ему, как и другим, о том, каким замечательным человеком был ее муж и как она его любила, и прибавила, что почти кончила свои мемуары. о ее сценических проектах Сергей Сергеевич не спрашивал, это было бы очевидной неловкостью. Она сказала ему, в частности, что на днях собирается в Лондон по делам, но что быстро устает и боится утомительности этого путешествия. — Вот вы очень много ездите, — сказала она, — какой способ передвижения вы рекомендуете? — Сергей Сергеевич ответил, что наименее утомительно, по его мнению, путешествие на аэроплане — меньше чем через два часа она будет в Лондоне. — C'est une idйe (Это идея!), — сказала Лола, — я, может быть, воспользуюсь вашим советом.

Сергей Сергеевич вышел на улицу, всецело находясь под впечатлением этой встречи и той удивительной перемены, которая произошла с Лолой. Светило позднее осеннее солнце. Впереди шли две хорошо одетые дамы, одна из них. сказала нараспев по-русски:

— А мне все равно, что они так говорят. Просто сволочи, моя милая, вот в чем дело.

Сергей Сергеевич пошел вниз, по avenue Mozart. Он шел вначале, казалось бы, без цели. Потом он подумал, что следовало бы раз в жизни поговорить с Лизой обо всем без иронии, совсем серьезно и до конца. Надо ей сказать, что вот, она осталась одна у него, что никого, в сущности, кроме нее, он никогда не любил, если не считать кратковременного, в конце концов, увлечения ее старшей сестрой. Надо ей сказать, что он сделает над собой усилие, чтобы стать похожим на того героя ее романа, о котором она мечтала, и что это должно ему, в общем, удаться. Надо ей сказать, что он сделает нежнее и чувствительнее, что он понимает теперь, с недавнего времени, что самое ценное в мире — это все-таки любовь, и это всегда будет так, сколько бы над этим ни смеялись.

Он дошел до rue Boileau, остановился на секунду у сорок четвертого номера, поднялся по лестнице на второй этаж и

152

открыл ключом дверь. В квартире были спущены ставни, было полутемно. Голос Лизы сказал:

— Сережа?

Сергей Сергеевич мгновенно остановился. Лиза назвала его по имени, но он не мог ошибиться в интонации: таким голосом она никогда к нему не обращалась. Невероятная мысль промелькнула в его мозгу, он встряхнул головой. На полу в передней он заметил маленький кожаный чемодан. — Это я, — сказал он и вошел. Лиза лежала в кровати; волосы ее были распущены, лицо в полутьме казалось еще более смуглым, чем всегда. Она увидела в просвете двери знакомую широкую фигуру. Приподнявшись на локте, сказала задыхающимся шепотом:

— Уходи, уходи сейчас же, ты слышишь? Я умоляю тебя, уходи!

— Я не знаю, надо ли мне уйти, — сказал Сергей Сергеевич. У него болело сердце, ему было холодно и нехорошо, и он успел с удивлением подумать, что эти ощущения он испытывал в первый раз в жизни.

— Уходи, ты губишь меня! — В голосе Лизы слышались слезы. — Сережа, — повторила она, — милый, уходи!

Сергею Сергеевичу показалось, что во входной двери щелкнул ключ, но он подумал, что это послышалось ему. Медленным голосом он сказал:

— Лиза, ты была моей любовницей много лет... Лиза рыдала, уткнувшись головой в подушку. Сергей Сергеевич услышал движение в передней, обернулся и увидел Сережу, который стоял со свертком в руках и слышал его последние слова. — Я думал, ты в Англии, — как сквозь сон сказал Сергей Сергеевич. Но Сережи уже не было, он бросил сверток и выбежал из квартиры.

— Боже мой, какой ужас! — сказал Сергей Сергеевич.

Он сел в кресло и долго молчал. Плечи Лизы все время тряслись и вздрагивали. Сергей Сергеевич посмотрел на нее невидящими глазами. Наконец он сказал:

— Лиза, как ты могла это сделать? В комнате становилось совсем темно, за окном наступали быстрые сумерки. Было тихо, слышалось только учащенное дыхание Лизы. Отчаяние, охватившее ее с той минуты, когда в двери появился Сергей Сергеевич, не прекращалось, она не могла говорить. Наконец она подумала, что единственный шанс спасения — это рассказать все Сергею Сергеевичу, затем найти Сережу и объяснить ему, что все неважно, кроме ее любви к нему, что как бы ни казались непоправимы некоторые вещи...

Она рассказала Сергею Сергеевичу — в комнате было уже совсем темно, никто из них не подумал зажечь свет — все, что произошло на юге, во всех подробностях, и прибавила, что вне ее любви к Сереже для нее мир не существует. Она сказала, что знает о всех препятствиях к этому — об ужасном родстве, о разнице возраста, о том, что это вообще кажется невозможно и чудовищно, и вместе с тем, если этого не будет, то жизнь, конечно, теряет всякий смысл.

— Хорошо, Лиза, — сказал из темноты голос Сергея Сергеевича, — но это все о тебе. Я понимаю, что тебе очень тяжело. Надо, однако, подумать о Сереже — прежде всего.

— Для него все так же, как для меня, без меня он не представляет себе существования.

— Я понимаю. Но ему семнадцать лет, ты первая женщина в его жизни. Вспомни твой первый роман, что от него осталось? Нет, мне кажется, пожертвовать Сережей, даже для тебя — нельзя.

И Сергей Сергеевич сказал, что, по его мнению, следует все объяснить Сереже, убедить его в том, что нельзя строить жизнь на невольном преступлении и что надо забыть об этом.

— То есть ты хочешь, чтобы я отказалась от него?

— Я этого требую, — сказал Сергей Сергеевич. — Ты не привыкла к каким бы то ни было требованиям с моей стороны. Но вот, первый раз в жизни, я требую от тебя этого отказа.

— Ты не понимаешь, что ты говоришь. Но Сергей Сергеевич настаивал. Он говорил о том, что всякий настоящий человек, и особенно человек, который любит, должен найти в себе силы для личной жертвы, отказаться от себя, чтобы не губить того, чье существование кажется ему самым ценным.

— Ты так говоришь, ты можешь так говорить только потому, что не понимаешь, что такое любовь. Любовь — это значит, что ты не можешь жить без этого человека, не хочешь жить, хочешь умереть, ты понимаешь?

— Понимаю. Надо отказаться.

— Тебе легко об этом говорить!

— Нет, Лиза, не легко. Я тебя давно люблю, и, ты видишь, я отказываюсь от тебя. Я даю тебе полную свободу — все, что угодно, кто угодно — но только не Сережа.

Лиза подумала, что наступила, наконец, минута, которой она всегда так боялась, — когда эта рассуждающая машина пришла в действие. Она почувствовала, что никакие просьбы на Сергея Сергеевича не подействуют. Но она сказала:

— Нет, этого ты запретить мне не можешь. Это моя жизнь, я имею право ею распоряжаться.

— Да, но не жизнью Сережи.

— Это одно целое.

И вдруг Сергей Сергеевич сказал с неподдельным изумлением и гневом в голосе:

— То есть как? Неужели ты действительно неспособна от этого отказаться? Какая же тогда цена твоей любви?

— Не говори о любви, ты ее не знаешь.

— Я слышал это много лет от тебя и от твоей сестры. Я ее не знаю — наверное, потому, что любить в твоем представлении значит приносить все в жертву чувственности. Ничто не существует — ни любовь настоящая, ни забота о том, кого ты любишь, ни его интересы, ни твои обязательства, ни стыд — ничего! И даже возможность отрешиться на какое-то время от этого физического томления, чтобы понять какую-то необходимую частицу справедливости. Да, в этом смысле я любви не знаю, действительно. Я не бросил бы на произвол судьбы дом, жену и сына — только потому, что мне приятно проводить время с любовницей. Но настоящую любовь знаю я — а ты ее не знаешь. Леля лучше тебя, она бы меня поняла. Она чувственная и легкомысленная, но у нее прекрасное сердце, и она десять раз принесла бы себя в жертву, если бы это было нужно. А ты неспособна даже это сделать.

— Я не могу все это слышать! — закричала Лиза. — Ты не имеешь права говорить это мне, ты вообще не имеешь права говорить что бы то ни было. Я тебя давно ненавижу, — сказала она с силой, — потому что ты — машина, автомат, потому что ты неспособен понять ни одного человеческого чувства. Разве ты не видишь, как все пустеет вокруг тебя? Леля ушла, я ушла, Сережа ушел. Ты требуешь от меня этой жертвы — это значит моей жизни! Да, для тебя такая жертва легка, конечно.

— Все, что ты говоришь, несправедливо, Лиза, — ответил из темноты его медленный голос. — Разве ты знаешь, что такое страдание, жертвы, несчастье? Ты не имеешь об этом отдаленного представления, и ты считаешь не заслуживающими ни внимания, ни сожаления всех, кто не похож на тебя, ты никогда не сделала ни одного усилия, чтобы их понять — вроде этого несчастного Егоркина, который, однако, при всей его наивности и том, что он ridicule,[70] представляет из себя большую человеческую ценность, чем ты. Я тебя очень хорошо знаю.

— Это ты мне говоришь такие вещи?

— Смотри, Лиза, что для тебя важнее всего? Алчность и

---

[70] смешон

155

эгоизм. Что тебе, если несчастный и доверчивый мальчик исковеркает всю свою жизнь из-за тебя? об этом ты не думаешь. Зато ты приятно проведешь время — до тех пор, пока не встретишь кого-нибудь, кто тебе понравится больше Сережи, — и вот тогда-то ты от него откажешься с необыкновенной легкостью, эту жертву ты, конечно, принесешь.

Он замолчал. Лиза ничего не отвечала ему, собираясь с мыслями. И вдруг он сказал — и в голосе его послышалась невольная и неожиданная улыбка:

— И я все-таки люблю тебя.

— Я знаю, — сказала Лиза с презрением, — ты машина, но идеально сделанная машина, совсем как человек.

— Другая грубая ошибка, Лиза. Пойми же, что я совсем не машина. Меня ты и Леля всегда считаете машиной, потому что вы не понимаете, что меня заставляет так жить. Ты не думала об этом? Мне жаль людей, ты понимаешь? Мне всегда было жаль Лелю — зачем я заставлял бы ее страдать, преследуя ее за бесконечные романы? Я позволял ей жить, как она хочет, — и тем более бескорыстно, что знал, что никакой благодарности за это не будет, она продолжает считать меня бездушным человеком. Мне жаль было тебя — и ты должна это знать. Мне всех жаль, Лиза, потому я не возражаю людям, не мешаю думать, что они хотят, и жить, как им нравится, хотя действуют они почти всегда неправильно. И вот еще одно доказательство, что я не машина, — это то, что этой жалости есть предел. Мы с тобой дошли до него сегодня.

Лиза услышала, что он встал с кресла.

— Я ухожу, — сказал он. — Надо разыскать Сережу. Между ним и тобой все кончено. Я постараюсь, чтобы ты больше его не увидела.

— Я убью тебя, — сказала Лиза совершенно спокойно.

— Нет, потому что тогда Сережа все равно для тебя потерян. Кроме того, ты знаешь, меня это не пугает, я смерти не боюсь. И если ты думаешь, что я очень дорожу своей жизнью...

Он повернул выключатель. Лиза сквозь зажмуренные от резкого света веки видела его высокую широкую фигуру и неподвижное лицо с непривычным, рассеянным и печальным, выражением. Он взял шляпу и перчатки и, не прибавив ни слова, не попрощавшись с Лизой, вышел из комнаты. Через секунду щелкнула входная дверь, Не закрывая подурневшего от слез лица руками, Лиза громко плакала.

Сережа выбежал из дому в совершенном исступлении, почти не понимая, что он делает, вернее, он понимал каждый свой поступок через некоторое время после того, как его совершил. Улица была пустынна. Он быстро пошел по ней вниз, дошел, не заметив этого, до avenue de Versailles и, увидев скамейку, сел на нее. Слезы душили его и мешали ему думать. Фраза его отца все звучала в ушах: «Лиза, ты была много лет моей любовницей...» Что это значит? Конечно, это была правда, так как отец знал о существовании ее квартиры. Но как это могло произойти? Как Лиза могла не сказать ему об этом? — Боже мой, что же теперь делать? — сказал он вслух. Значит, теперь об этом знает Сергей Сергеевич. Дома у Сережи больше нет. Лиза тоже навсегда потеряна для него. Лиза, такая замечательная Лиза! Так вот что это было на самом деле! Значит, все — детство, ее смуглые руки, все это родное, теплое и замечательное, все шестнадцать лет его жизни и такое их удивительное, ослепительное завершение, — все это было чудовищный и жестокий обман. Зачем же он так торопился? Он не мог выдержать больше в Лондоне и сегодня утром, никого не предупредив, уехал в Париж, к Лизе — оказывается, для того, чтобы после жарких ее объятий выйти на четверть часа из дому купить чегонибудь к чаю, вернуться и услышать эту беспощадную, не оставляющую никаких сомнений фразу, сказанную всегдашним, спокойным голосом отца. Значит, все кончено!

И тогда он вспомнил о матери. Только она оставалась у него, — но ей он не мог рассказать об этом. Он еще раз подумал обо всем этом. Все рухнуло. Отца нет, Лизы нет — ее любовь невозможна. Что делать теперь — и зачем?

Мимо него прошла семья мастерового — отец, мать и маленький мальчик лет шести. Потом прошли, тесно обнявшись, влюбленные. Он, не видя, бессознательно, провожал их глазами. Становилось холодно. Он плотнее запахнул пиджак, и почувствовал что-то твердое в боковом кармане, и вспомнил, что это был его паспорт. Тогда он поднялся и поехал на вокзал.

Ночью он был в Лондоне, в прохладной и пустынной квартире отца. Он вошел в его кабинет, открыл несколько ящиков и в последнем, внизу справа, нашел углом лежащий револьвер. Все было тихо. Он сел за стол и написал на листке, вырванном из блокнота:

«Дорогая мамочка, прости меня за огорчение, которое я тебе причиняю. Я тебя люблю больше всех на свете. Жить больше я не могу. Я жалею, что не вижу тебя сейчас. Прости меня за все. Твой Сережа».

Он взял револьвер и приложил к виску. Его слегка тошнило, ему было очень страшно. Он подумал, что будет нехорошо, если найдут его труп с изуродованной головой, и приложил револьвер к груди, к тому месту, под которым глухо и отчаянно билось сердце. Потом он закрыл глаза и выстрелил.

Была тихая прохладная ночь, высоко в темном небе стояли звезды, чуть хлюпала темная Темза в своих каменных берегах.

Совершенно так же, как было невозможно представить себе виллу Сергея Сергеевича на юге без Нила, так же нельзя было представить себе его лондонский дом без Джонсона, которому было около шестидесяти лет и который поступил на службу к Сергею Сергеевичу очень давно, в тот год, когда Сергей Сергеевич впервые после русской революции приехал в Англию. Так же, как Нил, он знал всю семью Сергея Сергеевича и помнил Сережу совсем маленьким мальчиком. Он был очень честным и порядочным человеком, чрезвычайно ценившим свое место, относившимся к своим обязанностям с исключительной пунктуальностью, но обладавшим одним недостатком: несмотря на свой почтенный возраст, он чрезвычайно крепко спал — обстоятельство, которое он всегда яростно отрицал и которое неизменно служило поводом для шуток Сергея Сергеевича, тем более благодарным, что Джонсон, вопреки очевидности, был действительно искренне убежден, что спит очень чутко. Но на этот раз никакое отрицание не было возможно: в эту ночь он не слышал выстрела.

Он встал очень рано по давней привычке — зимой и осенью в это время было еще темно. В тот день он поднялся раньше обычного. Когда он вышел из своей комнаты, с удивлением увидел, что за неплотно затворенной дверью кабинета Сергея Сергеевича горит свет, и в ту же секунду до его слуха донесся отдаленный хрип. Он быстро пошел туда и, распахнув дверь, увидел на полу тело Сережи рядом с упавшим револьвером, пятна крови на ковре и розовую пену на губах юноши. Он тотчас же подошел к телефону и вызвал домашнего врача. Затем он заметил на столе лист бумаги, на котором было что-то написано по-русски, и спрятал его в карман. Он поднял затем с некоторым трудом отяжелевшее тело Сережи и положил его на диван. То, что произошло, настолько поразило его, что он забыл обо всем, и после того, как в первую минуту позвонил доктору, его охватило бессильное отчаяние. Со слезами на глазах он молча смотрел на задыхавшегося Сережу, который продолжал тяжело хрипеть, и пузырьки кровавой пены по-прежнему вздувались и лопались на его губах. Только потом, после приезда доктора, он вспомнил, что Сергей Сергеевич звонил ему накануне вечером, спрашивая, не вернулся ли

Сережа, и велел немедленно дать ему знать, как только Сережа будет там. Доктор быстро, с помощью Джонсона, раздел Сережу, приложил трубку к груди с запекшейся вокруг раны кровью и сказал, что надо немедленно его перевезти в клинику.

— Доктор, он останется жив? — спросил Джонсон. Доктор пожал плечами, вздохнул и ответил, что он на это надеется: сердце не задето.

Только после того, как Сережу увезли — было уже около восьми часов утра, — Джонсон, придя в себя, вспомнил, что до сих пор не позвонил Сергею Сергеевичу, и бросился опять к телефону. Его долго не соединяли; потом, наконец, когда услышал голос Сергея Сергеевича, он был настолько взволнован, что в пёрвые секунды ничего не мог объяснить. Затем все-таки рассказал, путаясь, все, что произошло. — Он жив? — спросил из Парижа незнакомый голос, который Джонсон никогда не признал бы за голос Сергея Сергеевича, если бы не был абсолютно уверен, что говорит именно с ним.

— Да, и доктор говорит, что он надеется... Он говорит, что сердце не задето.

— Я буду в Лондоне с первым аэропланом, — сказал Сергей Сергеевич. — Вышлите сейчас же машину в Кройдон.

Сергей Сергеевич, уйдя от Лизы накануне вечером, звонил Ольге Александровне, спрашивая ее, не видела ли она Сережу, потом позвонил в Лондон: Сережи нигде не было. Ночью он лег, не раздеваясь, на диван, проспал крепким сном три часа и поднялся незадолго до звонка Джонсона. С аэродрома ему ответили, что отлет аэроплана будет в половине десятого утра.

В это же время в кабинет вошла Лиза, она была одета подорожному: пришла к Сергею Сергеевичу, потому что у него лежал ее паспорт, — с твердой решимостью немедленно ехать в Англию. Но когда она увидела Сергея Сергеевича, те слова, которые она собиралась произнести, вдруг остановились в ее горле. Несмотря на то, что он был так же чисто выбрит и так же аккуратно одет, как всегда, лицо его было настолько изменившимся, что на секунду ей показалось, будто она видит другого человека.

— Что с тобой, Сережа? — сказала она с такой дрогнувшей интонацией в голосе, которая еще за минуту до этого была бы совершенно немыслима.

— Он застрелился, — сказал Сергей Сергеевич.

— Что? — не понимая, спросила Лиза; ей было дурно, все было мутно в глазах, в сером свете октябрьского утра кабинет Сергея Сергеевича таял и качался. — Что?

— Сердце не задето, есть надежда, что он останется жив, — сказал Сергей Сергеевич.

Тающие предметы мгновенно затвердели. Лиза начала учащенно дышать.

— Надо ехать туда, я поеду, теперь ты не скажешь, что мне нельзя ехать.

— Главное, чтобы он остался жив, — сказал Сергей Сергеевич, — пусть будет все, даже ты, Лиза, — пусть только он останется жив.

В дверь постучали, вошел Слетов. Сергей Сергеевич сказал ему, что Сережа стрелялся. Слетов перекрестился. — Я еду с тобой, — сказал он, — ты готов?

— Нет, — сказал Сергей Сергеевич, — я не хочу по телефону рассказывать Ольге Александровне, что случилось. Поезжай к ней, скажи, что Сережа заболел, и отвези ее на аэродром. Аэроплан в половине десятого, место я ей задержал.

Через секунду Слетова не было в комнате. — Едем, Лиза, — сказал Сергей Сергеевич. — Да, вот твой паспорт.

На дороге в Бурже длинная машина Сергея Сергеевича — он сказал перед этим шоферу: — Alles en tout vitesse![71] — обогнала сначала такси, в котором, закутавшись в новую меховую шубу, ехала Людмила, затем довольно быстро катившийся «делаж» Лолы Энэ. Когда Сергей Сергеевич и Лиза приехали на аэродром, до полета еще оставалось двадцать минут. Через некоторое время они увидели, как по узкой железной лестнице тяжело поднялась Лола Энэ. Дул резкий и холодный ветер. Несколькими минутами позже по ступенькам этой же лестницы быстро прошла Людмила и скрылась в глубине машины. Сергей Сергеевич все время смотрел на часы: Ольги Александровны и Слетова не было. Оставалось несколько минут; пропеллер был уже пущен в ход, и мотор ревел, разогреваясь. В последнюю минуту к аэроплану подбежал жизнерадостный полный человек, запыхавшийся от быстрых движений, со съехавшей набок шляпой. Ни к кому не обращаясь, но дружески улыбнувшись Сергею Сергеевичу и Лизе так, точно он был с ними давно знаком, он сказал задыхающимся и веселым голосом: — Ah, j'ai de la chance![72] — и вошел в аэроплан. Ольги Александровны не было.

— Что делать, Лиза, едем, она приедет следующим, — сказал Сергей Сергеевич.

Они вошли внутрь, аэроплан быстро покатился и плавно

---

[71] Поезжайте как можно быстрее! (фр.)
[72] Мне повезло! (фр.)

поднялся в воздух. В эту минуту на аэродром вбежала Ольга Александровна со Слетовым — они успели увидеть поднявшийся и улетавший аппарат.

Ряд случайных и совершенно разнообразных причин, бесконечно далеких друг от друга, соединил в этом осеннем полете аэроплана Париж-Лондон столь же разных людей, которым, однако, предстояла одинаковая и одновременная судьба. Не было решительно ничего общего между Лолой Энэ, ехавшей в Лондон получать деньги, оставленные ей давно умершим любовником, и Лизой, которая летела к Сереже, самому дорогому и близкому ей человеку, без которого она не представляла себе своей жизни; между Людмилой, добившейся после долгих и мучительных мытарств и странствий того, что она тщетно искала всю жизнь, и Сергеем Сергеевичем, который в первый и последний раз за всю жизнь был занят всецело одной мыслью: Сережа должен быть спасен во что бы то ни стало. Совершенно так же никто из этих людей не имел представления об их случайном спутнике, том толстом и веселом человеке, который сказал, поднимаясь в аэроплан: — Ah, j'ai de la chance! — Далеко внизу чернела земля, аэроплан чуть дрожал и покачивался, и высокое и холодное воздушное пространство безгранично скользило вокруг него.

Лола Энэ по обыкновению — теперь это почти никогда не происходило иначе, если только она не шла, а сидела, — дремала, изредка просыпаясь и ощущая, как обычно, дурной вкус во рту. Время от времени ее чуть-чуть тошнило, но дремота оказывалась сильнее этой легкой тошноты. Она, просыпаясь на минуту, начинала думать о том, как она вернется в Париж, получив деньги, войдет в новую, только что снятую, небольшую квартиру на тихой улице ее любимого Auteuil — и ей больше не нужно будет ехать никуда, разве что летом, на автомобиле, останавливаясь подолгу в каждом городке, отправиться по гладкой дороге, идущей от Парижа к Ницце, и там прожить несколько недель, на берегу теплого, летнего моря. Все ее поездки и турне, все эти Румынии, Голландии, Южные Америки, Греции, и постоянная, напряженная работа в театре, и постоянная боязнь, что вдруг споткнется нога, или звучно и болезненно хрустнет ревматическое плечо, или в середине акта вдруг поплывут перед глазами огненные круги и пол начнет медленно уходить из-под ног — как это с ней неоднократно случалось в последнее время, — все это отошло теперь в прошлое и скрылось с мгновенной и удивительной быстротой — и впереди предстояла только эта блаженная дремота, эта почти приятная усталость — вплоть до того дня, когда однажды поднимется и опустится в последний раз грудь, освобождая последний запас воздуха, — и больше уже не будет ничего. Но она не могла знать, что этот день уже сейчас, сию минуту, с чудовищной быстротой клубился и летел ей навстречу. Она продолжала дремать.

Лиза думала, как ей казалось, только о Сереже. После того как Сергей Сергеевич сказал «сердце не задето», она ощутила почти что уверенность в том, что он останется жив. Но помимо ее желания сквозь эту одну неослабевающую мысль приходили другие мысли и слова, связанные, однако, с нею и, в сущности, составлявшие ее продолжение: сцена в ее квартире, появление Сергея Сергеевича и ощущение смертельной тоски и безвыходности после ухода Сережи. Как это ни казалось нелогично, теперь у нее почти не было сомнений, что ее жизнь с Сережей начнется сначала, хотя тот факт, который этому мешал и о котором узнал Сережа, продолжал быть ему известным и никакой выстрел не мог сделать его несуществующим. Но Лиза не думала об этом и с бессознательной уверенностью полагала, что раз Сережа останется жив, то все будет по-прежнему. Она подумала, однако, что Сергей Сергеевич, в первый раз за всю жизнь, оказался доступен человеческому чувству. Но она не чувствовала по отношению к нему никакой благодарности, так как ее очень задели его слова — «пусть все, даже ты»; этого «даже ты» она не могла ему простить. «Даже ты» — и это после стольких лет близости, в течение которых он не сказал ей ни одного резкого слова. Да, конечно, это следовало предполагать: после того, что он ей говорил в ее комнате, после ухода Сережи — и значит, это не было вызвано гневом, значит, он всегда так думал. Но она не чувствовала теперь и ненависти к нему, она почти прощала его. Она видела, что несчастье с Сережей нанесло ему такой удар, который способен перевернуть все его скептические и насмешливые теории — раз навсегда, и, быть может, позволит ему понять силу ее любви к Сереже. Она несколько раз взглянула на него, продолжая думать о Сереже и беспрерывно представляя себе его голову на белой подушке, любимые, потускневшие глаза и грудь, забинтованную марлей. Сергей Сергеевич неподвижно сидел на своем месте и ни разу не повернул голову в ее сторону.

Он ощущал необыкновенную усталость, его состояние было похоже на то, как если бы ему все время хотелось спать. Всякий раз, когда его мысль возвращалась к Лизе, которая была причиной этой ужасной катастрофы с Сережей, он испытывал необыкновенное к ней отвращение: она носила в себе ту слепую и эгоистичную страсть, безжалостную по отношению к тем, кто являлся ее жертвами, которая была у нее в крови и по сравнению с которой все поступки и измены ее сестры казались совершенными пустяками. Если Сережа выживет — в чем он почти не сомневался, — потом он объяснит ему все это, и Лиза уедет — почти так же далеко, как чуть не уехал Сережа. Он испытывал почти что благодарное чувство, когда думал об Ольге Александровне; она не была виновата в том, что передала Сереже всю свою восторженную доверчивость, которая погубила его, так как в ту минуту, когда он впервые почувствовал тяготение к Лизе — Сергей Сергеевич не сомневался, что это Лиза вызвала его, — именно эта детская незащищенность помешала ему остановиться: разве он мог знать, что Лиза вовлекает его в чудовищный по своей жестокости мир, где ему не место и медленную отраву которого Сергей Сергеевич — даже Сергей Сергеевич — иногда чувствовал особенно явственно, хотя он был защищен от нее в тысячу раз лучше, чем кто-либо другой.

И Лола, и Людмила сидели впереди Сергея Сергеевича и Лизы; каждая из них в начале полета обернулась и поклонилась Сергею Сергеевичу, который ответил им своей неизменной улыбкой, потерявшей, однако, свою убедительность, так как глаза его не улыбались. На секунду он подумал о них, и его память тотчас послушно и мгновенно восстановила все: и разговор с Лолой у Marquise de Sevignй, когда он советовал ей ехать в Лондон на аэроплане, и письмо Людмилы, и то, как он видел ее в автомобиле рядом с ее седым спутником. Он вспомнил все это и перестал думать о них.

Людмила рассталась с Макфаленом только неделю тому назад и успела по нему соскучиться. Перед самым отъездом она получила телеграмму от него: «Дорогая, я жду вас», — эта телеграмма лежала в ее сумке, вместе с разводом, который она, наконец, получила, и всеми бумагами, необходимыми для брака. В Кройдоне, — она знала это, — ее уже ждал автомобиль Макфалена, ей казалось, что аэроплан двигается недостаточно быстро.

В этом небольшом пространстве внутри аэроплана, летевшего над Ла-Маншем, был сосредоточен в эти последние минуты целый мир разнообразных и неповторимых вещей, несколько долгих жизней, множество правильно и неправильно понятых чувств, сожалений, надежд и ожиданий — это была целая сложная система человеческих отношений, на тщетное изложение которой потребовались бы, быть может, годы упорного труда. Их соединение вместе, именно здесь и именно теперь, было, в свою очередь, результатом миллиона случайностей, неисчислимое богатство которых недоступно человеческому воображению, так как для того, чтобы знать точную причину, приведшую каждого из этих пассажиров в аэроплан, нужно было бы знать все, что предшествовало этому полету, и восстановить, таким образом, в эволюции последовательных обстоятельств почти всю историю мира. И расчет, который привел каждого из этих людей сюда, исходил, может быть, из давным-давно совершенной — в неизвестных для нас условиях — ошибки, если слово «ошибка» здесь вообще имеет какой-нибудь смысл. Но точно так же, как мы видим небо полукруглым сводом в силу оптического недостатка нашего зрения, так же всякую человеческую жизнь и всякое изложение событий мы стремимся рассматривать как некую законченную схему, и это тем более удивительно, что самый поверхностный анализ убеждает нас в явной бесплодности этих усилий. И так же, как за видимым полукругом неба скрывается недоступная нашему пониманию бесконечность, так за внешними фактами любого человеческого существования скрывается глубочайшая сложность вещей, совокупность которых необъятна для нашей памяти и непостижима для нашего понимания. Мы обречены, таким образом, на роль бессильных созерцателей, и те минуты, когда нам кажется, что мы вдруг постигаем сущность мира, могут быть прекрасны сами по себе — как медленный бег солнца над океаном, как волны ржи под ветром, как прыжок оленя со скалы в красном вечернем закате, — но они так же случайны и, в сущности, почти всегда неубедительны, как все остальное. Но мы склонны им верить, и мы особенно ценим их, потому что во всяком творческом или созерцательном усилии есть утешительный момент призрачного и короткого удаления от той единственной и неопровержимой реальности, которую мы знаем и которая называется смерть. И ее постоянное присутствие всюду и во всем делает заранее бесполезными, мне кажется, попытки представить ежеминутно меняющуюся материю жизни как нечто, имеющее определенный смысл; и тщетность этих попыток равна, быть может, только их соблазнительности. Но если допустить, что самым важным событием в истории одной или нескольких жизней является последний по времени и только раз за всю жизнь происходящий факт, то полет аэроплана, в котором находились Сергей Сергеевич, Лиза, Лола Энэ, Людмила и жизнерадостный человек в съехавшей шляпе, был именно этим событием, потому что, когда аэроплан находился над серединой пролива, люди, ехавшие внизу, на пароходе, видели, как он стремительно падал вниз, объятый черно-красным вертикальным вихрем дыма и огня.

Слетов привез Ольгу Александровну в Бурже после того, как ждал ее чуть ли не целый час в холле ее гостиницы, и они успели увидеть только улетающий аэроплан. Она провела еще один мучительный час на аэродроме в ожидании следующего аппарата и так настойчиво требовала сказать правду, что Слетов, в конце концов, должен был ей рассказать, в чем дело. После этого она совсем потеряла голову. С подурневшим от неостанавливающихся слез лицом она села, наконец, в аэроплан и улетела одна; Слетов не мог ее сопровождать — у него не было визы; у Ольги Александровны, как у всех членов семьи Сергея Сергеевича, был английский паспорт. Когда она сошла с аэроплана, в Кройдоне было необычное возбуждение. Слово «катастрофа» долетело до ее слуха, но она не поняла его. Джонсон, отправившийся в Кройдон вместе с шофером, чтобы встретить Сергея Сергеевича, первым увидел ее. — Отвезите меня к нему, — сказала она, даже не поздоровавшись и таким голосом, что Джонсон не мог не только спросить ее о чем бы то ни было, но даже ответить что-либо. В клинике она не могла дождаться минуты, когда ее пустят к Сереже; наконец, в сопровождении врача, она вошла в его комнату и наклонилась над ним. Он открыл глаза.

— Мамочка! — сказал он. — Слава Богу, я тебя увидел, теперь я могу умереть.

Ольга Александровна с отчаянием посмотрела на доктора. Тот улыбнулся и сказал, что всякая опасность миновала.

Она опустилась на колени перед его кроватью быстрым движением и поцеловала его руку. Он сделал усилие и улыбнулся.

— Вот... — сказал он с трудом. — Когда я приходил в себя, я только на это надеялся... только твое лицо, мамочка, только твои глаза... Больше у меня ничего не оставалось... И чтобы ты сказала «мой беленький».

Изменившимся и немного смешным от слез голосом Ольга Александровна говорила:

— Мой мальчик, мой Сереженька, мой беленький, все будет хорошо, ты увидишь.

Был холодный и ветреный день, было около двух часов пополудни — и в кабинете Сергея Сергеевича в Париже Федор Борисович Слетов, которому только что позвонили по телефону, сидел, опустив голову на письменный стол Сергея Сергеевича, и плакал навзрыд, как ребенок.